文莱

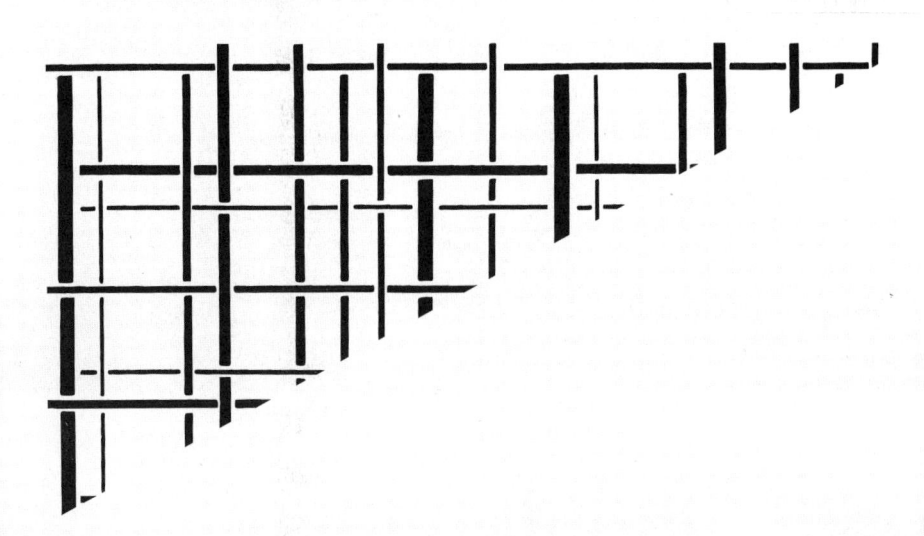

国情报告 2015~2016

黄瑛等 编著

经济管理出版社

图书在版编目（CIP）数据

文莱国情报告（2015～2016）/黄瑛等编著 . —北京：经济管理出版社，2017.11
ISBN 978 - 7 - 5096 - 5415 - 6

Ⅰ.①文… Ⅱ.①黄… Ⅲ.①文莱—研究报告—2015 - 2016 Ⅳ.①K934.4

中国版本图书馆 CIP 数据核字（2017）第 249172 号

组稿编辑：张巧梅
责任编辑：张巧梅
责任印制：黄章平
责任校对：王淑卿

出版发行：经济管理出版社
（北京市海淀区北蜂窝 8 号中雅大厦 A 座 11 层　100038）
网　　址：www.E - mp.com.cn
电　　话：（010）51915602
印　　刷：北京晨旭印刷厂
经　　销：新华书店
开　　本：720mm × 1000mm/16
印　　张：10.5
字　　数：189 千字
版　　次：2018 年 8 月第 1 版　2018 年 8 月第 1 次印刷
书　　号：ISBN 978 - 7 - 5096 - 5415 - 6
定　　价：58.00 元

·版权所有　翻印必究·
凡购本社图书，如有印装错误，由本社读者服务部负责调换。
联系地址：北京阜外月坛北小街 2 号
电话：（010）68022974　邮编：100836

编委会

编委会主任：王玉主

副 主 任：梁淑红

成　　员：缪慧星　顾　强　王玉洁　金　丹
　　　　　岳桂宁　谭春枝　黄爱莲　毛　薇
　　　　　何　政　刘亚萍　黄　瑛

序　言

东盟是东南亚地区十个国家之间的区域性合作组织。作为中国的近邻，东南亚各国在中国的周边外交中具有重要的地位，东盟也因此成为中国经营与东南亚各国合作关系的主要平台。自1991年以来，中国与东南亚国家之间的关系在东盟框架下取得重大进展，中国与东盟也从磋商伙伴一路发展到目前的全面战略合作伙伴。这期间，中国东盟自由贸易区建设成为中国东盟合作乃至东亚合作的重要事件，因为正是中国倡议建设的中国东盟自由贸易区开启了以东盟为中心的东亚合作新格局。在贸易投资方面，中国东盟互为对方重要的贸易伙伴和投资来源，经济相互依赖在良性互动的进程中不断深化。

2013年中国提出"一带一路"合作倡议以来，东盟对中国的国际合作意义也发生了变化。习近平主席选择在印度尼西亚提出与东盟国家共同建设"21世纪海上丝绸之路"倡议，充分显示了中国对进一步加深中国东盟关系、在合作中构建中国东盟命运共同体、造福地区民众的良好愿望。实际上，进入新世纪以来，为了深化双边关系，中国围绕与东盟国家的合作提出过一系列倡议和安排。总体而言，这些新的倡议对推动中国东盟合作发挥了助力作用。然而客观地讲，一些倡议的措施没能达到预期的效果。从深化双边合作，特别是面向2030目标建设中国东盟关系的需求出发，我们应进一步加强对东盟的研究：既要具体到国别，又能深入到领域。因为只有正确把握东盟国家面临的现实挑战和真实需求才能提出更具可操作性、效果更显著的深化双边关系的措施，并把中国东盟关系带向更高的层面，服务构筑和谐周边的目标，贡献人类命运共同体建设。

广西壮族自治区地处中国东盟合作前沿，自2004年中国东盟博览会落户南宁以来，广西在中国东盟合作中的地位日益提升。广西大学作为广西最重要的综合性大学，其下设的中国东盟研究院在中国东盟合作过程中不仅成为广西壮族自治区参与对东盟合作的重要智库，也在全国的东盟问题研究中逐渐获得认可。目前，中国东盟研究院下设的东盟十国国别研究所每年都围绕各自研究对象国收集整理大量的基础信息。以前期的资料收集和跟踪观察为基础，也是作为下一步密切跟踪对象国研究的第一步工作，我们组织各国别研究所编写了东盟十国的国情报告。报告参考了到目前为止国内外出版的相关国别研究成果，同时对各国新的发展做了力所能及的完善和更新。

同时，编著撰写东盟十国的国情报告对于仍在建设中的中国东盟研究院来说，确实是一项非常艰巨的任务，因此在整个项目进程中我们遇到了很多困难，呈现在同行面前的这十本书一定存在不少错漏之处，希望同行给予批评指正。

王玉主
2018 年 2 月

前　言

文莱是位于东南亚的"和平之邦"和"袖珍之国",拥有悠久的历史文化和浓郁的宗教色彩。尽管领土面积小,但文莱的地理位置及海岸线的优势为它带来了丰富的油气资源、森林资源、渔业资源。1984年,文莱获得真正的独立,实行马来伊斯兰君主制。文莱文化深受伊斯兰教的影响,风俗文化中带有浓郁的伊斯兰教和马来色彩。多年来,文莱政局及社会稳定,人口稳步增长,人民具有较高的生活水平,并享受优越的社会福利。受政策、观念、环境、技术等因素的影响,文莱经济仍主要依赖于油气产业,其对文莱GDP的贡献超过40%。随着经济多元化战略的推行,文莱的农业、建筑业、旅游业、交通运输业、金融业也得到一定程度的发展。文莱政府同时高度重视文化教育。总体而言,文莱苏丹注重民生,致力于经济转型及培养新一代商界及政治精英、全面伊斯兰化及提升政府管理效率的诸多努力,将使绝大部分文莱人民继续享有较高的生活水准。这也确保了未来文莱的政局及社会继续稳定,人口稳步增长,民族和宗教文化传承有序。但是,由于经济结构单一问题在短期内难以解决,文莱的经济发展走势仍存在着很多不确定性。经济转型的任务依然艰巨,任重而道远。

目前,经济全球化与区域一体化已经成为了发展趋势,东盟国家之间的关系日益密切。文莱和中国有着悠久而稳固的双边关系。自1991年建交以来,中国与文莱保持着友好往来、合作共赢的关系。近年来,中国政府提出的"一带一路"倡议符合文莱"2035宏愿"蓝图,并得到了文莱政府的积极响应。文莱政府希望能够搭乘"一带一路"的"顺风车",实现"一带一路"与"2035宏愿"蓝图的对接,以此推动其多元化经济的发展。两国政治互信不断深化,经贸合作加速发展,能源、技术、投资、人文等多领域合作日益密切。在两国经济和文化交往不断增进的情况下,2015~2016年,文莱与中国继续保持亲密友好,高层和民间交往密切频繁,经济合作伙伴关系扎实推进。双边政治互信不断增强,双方在重大地区和国际问题上基本保持立场一致,为两国战略对接提供了可能性和可靠的政治经济保障。两国关系的稳步发展与东盟被视为区域经济合作的主导力量密不可分。在双方共同努力下,中国—东盟自贸区建设不断深化。基于双方存在的巨大的共同发展需求,升级现有自贸协定、加速区域经济合作是应势而为。中国与文莱两国的关系树立了大小国家和平共处、互惠互利的典范,也使文莱这个颇具神秘色彩的"袖珍之国"成为了国内广大读者关注的国家。

文莱虽然是东南亚有着悠久历史的古国,但由于其历史曲折且国土面积小,社会平稳,国内外与文莱相关的文献、报道却很少。文莱国情、现状、发展至今仍不为中国民众所了解和熟知。本书基于文莱的历史及政治、文化特色,重点阐述了文莱2015~2016年政治、经济、外交、国安、区域合作和社会文化、对华关系等方面的发展现状及难点,并进而展望其相关领域的发展趋势、提出政策建议。本书作者为广西大学中国—东盟研究院文莱研究所的学者。参编人员的专业研究领域涉及经济、管理、社会、人文等多个方面,具备较强的学术科研能力。并长期致力于对文莱进行全方位、多维度的研究,曾多次赴文莱进行交流访问与实地考察,为本书的撰写奠定了坚实的基础。本书全方位地剖析了近年来文莱各领域的现状、趋势,有利于中国人民全面且多层次地了解文莱,加深对文莱传统、经济与社会发展的认识,进而推动中国、文莱之间多领域的交流与合作。

由于本书涉及面广,受最新资料数据收集难度高、相关文献少及学术水平等因素的限制,尽管我们全力以赴,但书中的分析与论述难免存在疏漏与不足之处,恳请各位专家和广大读者批评指正。

作 者

2017年6月

目 录

第一章 文莱国情概述 ……………………………………………… 1

    第一节 文莱的地理区位和自然资源 …………………………… 1

    第二节 文莱的历史与文化 ……………………………………… 3

    第三节 文莱的产业结构 ………………………………………… 13

    第四节 文莱政体、政府部门及相关机构 ……………………… 18

    第五节 结语 ……………………………………………………… 23

第二章 文莱政治 ……………………………………………………… 25

    第一节 文莱政治特点 …………………………………………… 25

    第二节 文莱2015~2016年政治局势 …………………………… 34

    第三节 文莱政治所面临的挑战与趋势 ………………………… 39

第三章 文莱经济 ……………………………………………………… 43

    第一节 2015~2016年文莱经济发展的外部环境 ……………… 43

    第二节 2015~2016年文莱经济形势回顾 ……………………… 47

    第三节 文莱经济发展面临的挑战 ……………………………… 62

    第四节 文莱经济形势展望 ……………………………………… 64

第四章 文莱的安全政策 ……………………………………………… 67

    第一节 文莱2015~2016年安全形势述评 ……………………… 67

第二节　文莱军事安全政策面临的挑战 …………………… 73
　　第三节　文莱国家安全形势展望 …………………………… 76

第五章　文莱外交 ………………………………………………… 80
　　第一节　文莱的外交原则及特点 …………………………… 80
　　第二节　与世界主要国家的关系 …………………………… 85
　　第三节　2015~2016年文莱外交形势 ……………………… 92
　　第四节　文莱外交的走向 …………………………………… 94

第六章　文莱区域合作 …………………………………………… 97
　　第一节　区域合作背景及框架 ……………………………… 97
　　第二节　2015~2016年文莱区域合作形势 ……………… 106
　　第三节　区域合作特点和存在的问题 …………………… 115
　　第四节　区域合作展望 …………………………………… 120

第七章　文莱的社会文化 ……………………………………… 123
　　第一节　2015~2016年文莱社会文化领域发展态势 …… 124
　　第二节　存在的问题和挑战 ……………………………… 136
　　第三节　趋势展望 ………………………………………… 140

第八章　文莱对华关系 ………………………………………… 143
　　第一节　文莱对华关系发展的定位和走向 ……………… 143
　　第二节　2015~2016年文莱对华关系发展现状及特点 … 145
　　第三节　文莱对华关系面临的挑战 ……………………… 156
　　第四节　文莱对华关系的前景展望 ……………………… 158
　　第五节　积极发展双边关系的策略 ……………………… 161

参考文献 ………………………………………………………… 164

第一章　文莱国情概述

第一节　文莱的地理区位和自然资源

一、地理环境

文莱达鲁萨兰国，地处加里曼丹岛北部，北濒南中国海，东南西三面与马来西亚的沙捞越州接壤，被沙捞越州的林梦分割为不相连的东西两部分。国土总面积约5765平方公里，位列世界第172位，海岸线约161公里，有33个岛屿。东部为广阔的沿海平原，向内地延伸为崎岖的山地，西部为丘陵低洼地。文莱最高的山峰是巴贡山，海拔1841米。文莱境内主要的四条河流为文莱河、都东河、白拉奕河及淡布隆河，其中发源于文莱和马来西亚沙捞越交界山区的白拉奕河是文莱最大的河流，全长32公里。文莱属于热带雨林气候，全年高温多雨，年均气温28℃，一年分为旱季、雨季两季，每年3~10月为旱季，11月至次年2月为雨季[①]。

---

① 中华人民共和国驻文莱达鲁萨兰国大使馆经济商务参赞处. 文莱气候条件［EB/OL］. http://bn.mofcom.gov.cn/article/ddgk/zwqihou/201502/20150200885271.shtml.

二、行政区划

文莱行政区域分区、乡和村三级。全国划分为四个区：①文莱—穆阿拉区（Brunei - Muara District），由文莱首都斯里巴加湾市和穆阿拉区组成，总面积约570平方公里，人口22.41万，是文莱人口最多的行政区，也是文莱政治、文化和商业中心。②都东区（Tutong District），面积约1166平方公里，人口3.64万，占全国人口的10.8%，是文莱土著的聚居区。③马来奕区（Belait District），位于文莱的最南部，主要由诗里亚镇和瓜拉马来奕镇组成，总面积约为2724平方公里，人口总数约6.83万，是文莱的经济中心——文莱石油和天然气集中开采地与生产地。④淡布隆区（Temburong District），该区独立于其他三区，被马来西亚林梦地区分隔，面积约1305平方公里，人口约0.96万，主要出产木材和建筑用沙石[①]。

文莱各区长和乡长由政府任命，村长则由村民民主选举产生。各区设区长分别负责区内的日常行政事务，由内政部办公室统筹管理[②]。

三、自然资源

尽管国土面积不大，但文莱仍拥有较多珍贵的自然资源。文莱最主要的优势资源为石油和天然气，目前已探明石油资源储量约为1.84亿吨（14亿桶），预计可开采至2020年，产量居东南亚第3位；已探明天然气储量约为3200亿立方米，预计可开采至2035年，产量居世界第4位。此外，文莱拥有富足的矿产资源，包括金、汞、锑、铅、矾土、硅、硫酸盐和少量的铁、煤。文莱的森林资源丰富，被誉为"热带雨林王国"，全国约3/4的国土被热带雨林所覆盖；共有11个森林保护区；木材种类多达200余种，盛产贵重的柚木、铁木、紫檀、黑檀、白卯等热带林木，并有多种竹类。渔业、水产资源方面，文莱海岸线有摩拉等良好的深水港口，其内河和领海盛产鱼虾等水产品。

---

① 马金案，黄斗. 文莱国情与中国—文莱关系［M］. 北京：世界知识出版社，2008：10-11.
② 中华人民共和国驻文莱达鲁萨兰国大使馆经济商务参赞处. 文莱行政区划［EB/OL］. http://bn.mofcom.gov.cn/article/ddgk/zwcity/201507/20150701035098.shtml.

第二节 文莱的历史与文化

一、历史

文莱拥有600余年的悠久历史，其历史脉络与文莱王朝（博尔基亚氏王室）密不可分。

文莱现任苏丹哈吉·吉桑纳尔·博尔基亚·穆伊扎丁·瓦达乌拉（简称哈吉·吉桑纳尔·博尔基亚）是第29世苏丹，文莱王朝君主制仍在延续。纵观文莱的历史大体可以分为古代、西方列强入侵、殖民统治、争取独立四个时期。

1. 古代时期（3500年前～16世纪中期）

根据考古学家在马来西亚东部尼亚比洞窟关于人类头颅骨的发现，文莱最早的历史可以追溯到3500年前。大约在公元五六世纪，中国史书对文莱早期历史有所记载，这是关于文莱最早的文字记载。当时的中国称文莱为"婆黎"或"婆利"，其控制范围相当于现在的加里曼丹岛西北部的沙捞越、沙巴以及现在的文莱本土[1]。公元7世纪后，室利佛逝迅速兴起并成为东南亚的海上强国，在随后的时间里室利佛逝不断扩张。大约9世纪中叶，文莱被室利佛逝帝国占领，成为其附属国。文莱的经济社会发展受到严重阻碍。直至10世纪末，室利佛逝王国衰落后，文莱恢复了独立，其统治范围还得以扩大至加里曼丹岛的大部分，包括现在的沙巴、沙捞越、苏禄和菲律宾的一部分。在之后的时间里，文莱国力强盛，生产发展，商业繁荣，与中国和阿拉伯地区频繁贸易，可以算是当时东南亚地区的一个海上强国。直至1369年，文莱遭到了苏禄的进攻，大量财富被掠夺，而后国力开始衰微，并沦为满者伯夷（又有译称麻诺巴歇）帝国的附属国。

为了改变当时的状况，文莱国王麻那惹加那的儿子阿旺·阿拉克·贝塔塔尔，开始出访信奉伊斯兰教的马剌加国（现为马六甲），以此寻求帮助。1414年，阿旺·阿拉克·贝塔塔尔与马剌加国国王的女儿结婚。作为回报，马剌加国

---

[1] 邵建平，杨祥章. 文莱概论 [M]. 北京：中国出版集团，2012.

苏丹授予了阿旺·阿拉克·贝塔塔尔"文莱苏丹"的头衔。从那时起，阿旺·阿拉克·贝塔塔尔被尊称为苏丹穆罕默德·沙，即一世苏丹，文莱的国王也由那时起被称为"苏丹"。在马刺加国的影响下，一世苏丹积极引入伊斯兰教，将伊斯兰教作为争取独立和巩固政权的有力武器。在他的领导下，伊斯兰教逐步为统治阶级及发展程度较高的沿海居民所接受，使文莱成为一个主权独立的伊斯兰国家。一世苏丹在位期间国家稳定，贸易发展迅速。文莱人民过上了安定祥和的生活。因而三世苏丹在文莱的国名后面加上了带有和平安详之意的"达鲁萨兰"，文莱由此被称为"文莱达鲁萨兰国"。

15世纪后期，即五世苏丹博尔基亚统治文莱期间，文莱迎来了历史上国力最为鼎盛的时期。五世苏丹博尔基亚建立了一支强大的舰队，不仅将文莱疆域扩展到整个婆罗洲和大部分的菲律宾地区，而且还数次派军队远征爪哇、马六甲、吕宋等地。当时菲律宾首府马尼拉一带的塞鲁隆国还曾向文莱俯首称臣，进贡黄金。这一时期，文莱的政治、经济和社会文化都不断地发展，文莱的富裕程度也让许多外国访问者颇为惊叹。文莱的这一鼎盛状况大约维持到了16世纪中叶。

2. 西方列强入侵时期（16世纪中期~1906年）

随着西方资本主义萌芽和商品经济的发展，从15世纪开始，西方国家企图在东方发掘更多的财富和资本，不断地寻找通往东方的新航线。在西方资本主义国家的不断入侵下，1511年，马六甲落入了葡萄牙人的手中。然而，葡萄牙人并没有满足，开始不断入侵文莱。在葡萄牙入侵后不久，因认为文莱是其在东南亚地区扩张的障碍，西班牙也紧随其后开始入侵文莱。1578年4月，在文莱多次与西班牙的抗衡之后，西班牙成功占领了文莱的都城并收获了大量的武器装备和物资。1588年，文莱苏丹给西班牙在马尼拉的殖民长官写信表达了愿意与之建立友好关系的愿望。17世纪初期，文莱在与西班牙斗争的过程中，迎来了短暂复兴。在九世苏丹的带领下，文莱于1614年收回了苏禄，于1617年击败了西班牙前哨阵地的守卫部队。虽然文莱最终没有被葡萄牙和西班牙所打败，但两国的侵略重创了文莱，九世苏丹逝世后，文莱"内忧外患"，国力日渐衰退。一方面，关于王位的争斗使得文莱内斗不止；另一方面，西方国家的再一次到来使得文莱贸易市场又一次遭受了严重的冲击。

18世纪中期，在资产阶级革命后就不断向外扩张的英国也派人来到了婆罗洲一带，开始了对文莱的入侵。1847年布鲁克按照英国政府的旨意，迫使文莱苏丹签订了一项不平等的《英国—文莱友好通商条约》。尽管这一条约并没有明文规定英国对文莱具有政治统治权，但它的签订仍旧标志着文莱由一个独立自主的主权国家开始沦为受英国支配的半殖民地。而到了1888年9月17日，文莱同英国签订了《英国文莱条约》，文莱及沙捞越和北婆罗洲成为英国的保护地。条约内容明确了英国对苏丹王位继承的决定权，同时规定英国掌握文莱外交权，有权利干预文莱对国土的割让。

3. 殖民统治时期（1906~1954年）

在沦为英国的保护国后，文莱又继而沦为其殖民地。1906年，英国通过补充协定掌控文莱政务，至此文莱丧失了内政、外交及国防大权。英国殖民者控制文莱自然资源的开发，侵占文莱土地，使文莱经济遭受了极大摧残。英国对文莱的殖民统治对文莱政治、经济、教育、社会环境均造成了巨大的影响，此时的文莱财政拮据，仅能通过贷款维持开支。第二次世界大战期间（1941~1945年），英国被迫卷入战争。基于对石油资源的觊觎，日本乘机占领了文莱并将其与沙巴、沙捞越并为一个行政区，这中断了英国的殖民统治，同时给文莱人民的生活以及文莱的各项事业尤其是石油业带来了灾难性的打击。随着第二次世界大战的结束，1945年9月英国恢复了对文莱的控制。在英国的管制下文莱的经济恢复迅速，石油产量逐年增长。直至1959年，文莱获得了自治，被英国完全控制了53年。

4. 争取独立时期（1950~1984年）

尽管文莱在1959年才获得自治，但文莱人民争取独立从20世纪50年代初就开始了。1950年，文莱的民主主义萌芽进一步显现，28世苏丹致力于实现文莱的自治。同一时期，周边国家与地区的民族解放运动给了文莱很好的参考，文莱实施了第一个五年计划，经济及社会发展渐入轨道并卓有成效，进而推动了文莱政治的发展[①]。

在民族运动的推动下，文莱的第一个政党——文莱人民党于1956年成立。文莱人民党的目标是"反对一切形式的殖民主义。捍卫苏丹及其继承者的王位，

---

① 汪诗明. 文莱的民主独立进程［J］. 杭州师范大学学报，2011（3）：90.

为马来祖国的自由而战，为在整个马来群岛建立一个统一的马来国家而奋斗"①。此外，在民族运动的高压下，1959年英国撤回了驻扎官，归还苏丹政府除国防、外交、治安以外的事务的管理权。允许文莱成立立法议会与地方议会，颁布宪法与法律，并进行行政改革，实现部分自治。虽然获得了自治，但文莱人民仍旧为完全的独立斗争着。1962年12月8日，文莱人民党爆发了反对苏丹的起义，旨在推翻英国的殖民统治，成立一个包括文莱、沙捞越和北婆罗洲的北加里曼丹岛的独立国。通过文莱人民不断地抗争，文莱与英国于1979年签订了《文莱英国友好合作条约》，根据条约相关规定，文莱在更大程度上恢复了内部独立，但外交事务仍由英国掌管，国防事务则由文莱和英国共同管理。一直到1984年，文莱终于获得了真正的完全的独立。英国由1984年1月1日起将文莱的国防与外交权利完全地交还给文莱。

从古代到遭遇西方资本主义国家的入侵、英国的殖民统治，文莱最终经过奋斗获得独立。1984年，在宣布独立后，文莱随即以一个独立自主的国家的身份加入了东南亚国家联盟、联合国、英联邦和伊斯兰会议组织。直至今日，独立后走过了30年的文莱，政局稳定，经济发展，人民生活安泰。

二、文化

1. 文莱的文化发展历程

（1）伊斯兰教传入前。在文莱漫长的历史进程中，文莱的文化也在不断地沉淀与发展。15世纪伊斯兰教传入文莱之前，文莱文化主要受原住民族与所依附的国家共同影响。

文莱最土著的居民主要有克达洋人、伊班人、杜逊人、巴曹人、加央人和梅拉瑙人等，现在统称为达雅克人。早期达雅克人虽无文字，但拥有多样的方言，并信奉万物有灵，其信仰和习惯形成文莱最初的文化。直至今日，文莱著名的阿代—阿代舞和稻米收获节都与达雅克人息息相关。

马来族同样是文莱重要的原住民族，从13世纪开始，许多苏门答腊岛和马六甲等地的马来人便迁移至文莱。他们的迁移与定居给文莱带来了许多马来文化

---

① 刘新生，潘正秀. 列国志·文莱[M]. 北京：社会科学文献出版社，2005：84.

传统的风俗与习惯，对文莱的文化具有重要的影响。直到现在，马来族已成为了文莱的第一大民族，可以说马来传统文化是文莱文化的根基。

在伊斯兰教传入文莱之前的历史时期，文莱常常沦为一些周边国家的附属国。这些国家对文莱文化也或多或少地存在着影响，其中，受印度文化影响很深的满者伯夷的统治，就使得文莱文化受到了印度文化的影响。那时候，文莱君主的加冕仪式、宫廷的礼仪和官府的名称都带有强烈的印度色彩。

（2）伊斯兰教传入后。如果说马来传统文化是文莱文化的根基，那么伊斯兰文化可以说是文莱文化的灵魂。伊斯兰教的传入对文莱有着非常重要的影响。在伊斯兰教传入文莱后的时间里，无论是文莱苏丹、文莱统治阶层，还是文莱的普通百姓对伊斯兰教都有高度的信仰，包括了许多与马来人通婚的土著民达雅克人。文莱苏丹将伊斯兰教与他们的政治联系在了一起，在提及文莱的政治目标时，文莱苏丹提到："文莱达鲁萨兰将永远是一个遵循伊斯兰教规的、始终追求真主的引导语庇护的国家……"[①] 1959 年，文莱还正式把伊斯兰教定为国教。1984 年独立后，文莱政府致力于维护和提高伊斯兰教的地位，并把伊斯兰教作为政府制定政策和社会的行为准则，力图使异教徒皈依伊斯兰教，使整个文莱成为一元化的穆斯林社会[②]。而今天，伊斯兰教在文莱仍旧发挥着重要的作用，在文莱的国土上设有伊斯兰教法院，以保证伊斯兰教规得到严格执行。根据近期的数据资料显示，现在文莱信仰伊斯兰教的人约占人口总数的 63%。因此，自 15 世纪伊斯兰教传入文莱至今，伊斯兰文化在文莱文化中处于支配性地位，在文莱风俗习惯、服饰、饮食等方面都有着伊斯兰文化的踪迹。

（3）影响文莱文化的其他方面。除了马来传统和伊斯兰教在文莱文化中发挥着不可磨灭的作用外，西班牙、葡萄牙、英国以及日本对文莱的入侵与统治，中国、阿拉伯国家与文莱的贸易也对文莱文化有一定的影响。其中，英国和中国对文莱文化的影响较为明显。

英国对文莱的殖民统治持续了 53 年，在此期间，英国对文莱文化的影响主要体现在两个方面。一方面，英语开始在文莱普及。尤其在一些经贸场合，英语

---

① 伊斯梅尔·杜拉曼，阿达尔·阿米约·哈希. 文莱：以自己的方式发展［J］. 南洋资料译丛，2000（1）：72－81.

② 刘新生. 天堂秘境·文莱［M］. 上海：上海锦绣文章出版社，2010：27.

频繁地为人们所使用。文莱人的英语水平也在不断地提高。另一方面，在英国的统治时期，文莱开始出现了学校教育，学校的数量不断增长。可见英国对文莱文化教育的发展有着重要的影响。直至今日，仍有许多文莱人到英国接受高等教育。

中国同样对文莱文化具有重要的影响，并且中国与文化上的交流是从古代时期就开始的。在伊斯兰教传入文莱之前，文莱与中国之间就已开始了大量的贸易往来，在这些贸易当中两国的生活习惯和风俗民情也相互影响。中国的衣着、礼节、服饰、饮食、建筑、语言等都对文莱产生了影响，传统思想道德观念以及儒家思想也随着贸易、访问和移民逐渐潜移默化到文莱人的社会生活当中。伊斯兰教传入文莱后，中国与文莱的贸易仍旧频繁，许多华人商人的移民都将中华传统文化进一步地带入了文莱。

2. 文莱的文化特色

从文莱文化发展的历程可以看到，文莱文化是具有浓郁伊斯兰教和马来传统色彩，同时吸收和融合了多国多民族优良文化的多元文化。它重视社会、族群、人际关系的和谐、平衡；关注弱势群体；重视礼节和传统，循规蹈矩。具体而言，文莱文化从宗教、风俗习惯、服饰、饮食、文化艺术等方面，都具有鲜明特色。

（1）伊斯兰宗教文化。伊斯兰教是文莱的国教，尽管仍有部分文莱人信仰佛教、基督教、道教等宗教，但终究无法动摇伊斯兰教在文莱的地位。伊斯兰教教规已经成为了大部分文莱人的生活准则，文莱的穆斯林都会按照《古兰经》的训诫，每天5次礼拜，周五必到清真寺聚礼。

（2）风俗习惯。在社会生活礼仪方面，文莱人注重待人接物的礼节，友好谦逊。文莱人一般以握手为礼，然后将手收回胸前轻触以示真诚。文莱人对长者极其尊重，从长者面前经过时，通常把手下垂并贴着身体，侧身轻步走过；年轻人与老人见面时还通常会把双手朝胸前作抱状，并身体朝前弯下鞠躬[①]。

在待客与做客礼仪方面，无论关系好坏，只要客人拜访，文莱人都会回馈以友善、热情、平和、谦逊。文莱人通常不询问对方想吃什么及喜爱程度，而是分

---

① 夏敏莉. 试论在伊斯兰教影响下文莱的商业文化交际[J]. 经营管理者，2014（2）：355.

享食物，并不勉强客人。当接受主人款待时，文莱人通常不会过于客气，会品尝以表达对主人的尊重及感激。做客时，文莱人会保证自己的衣冠整齐（太阳镜摘掉），进门前会将自己的鞋子脱掉放在楼梯口或门口，作为客人的男士会戴一种叫"宋谷"的帽子。

在姓名与称谓方面，文莱马来人名字通常由两部分组成，前半部分是自己的名字，后半部分是其父名，中间用bin（意为"之子"）或binti（意为"之女"）断开。在称呼别人时，文莱人通常会在前面加上尊称，一般男性名字前面尊称阿旺（Awang），朝圣过的男子通常在名字前加阿旺·哈吉（Awang Haji）。女性一般在名字前加尊称达扬（Dayang），朝圣过的通常称达扬·哈贾（Dayang Hajjah）。皇室成员及与皇室有亲戚关系的人的名字前加本基兰（Pengiran），非皇室成员的达官显要和有功人士被苏丹赐佩欣（Pehin）或达图（Dato）等封号，他们的夫人被称为达丁（Datin）。当面称呼时，可简单称本基兰、佩欣、达图、达丁、阿旺、哈吉、哈贾等①。文莱马来人的名字非常长，这常常使初到文莱的人十分头疼，但从文莱马来人的名字中可以获得许多信息，包括性别、封号、是否朝圣过、学位等。

（3）服饰、饮食。服饰方面，尽管文莱拥有较高的生活水平，但由于受传统文化的影响，文莱极具特色的传统服饰仍旧保存完整。在不同的场合，文莱服饰有不同的要求与特点。在正式场合，文莱男子通常着蜡染花布长袖衬衫，女子着西装套裙。日常生活中则较为随意，男子通常上穿"巴汝"，下围以"沙笼"；女子则穿着无领长袖连衣裙、扎头巾。在进出清真寺时，要脱鞋，女性要包头巾、穿长裤（寺庙提供）。另外，为表示文莱皇室的权威，进入皇宫时不允许着黄色的衣物，同时应避免穿着过分贴身或暴露的衣物。饮食方面，文莱的饮食口味与马来西亚相似，但稍微偏重。文莱人主要以大米作为主要粮食，并将常规的牛肉、羊肉、鸡肉作为副食，黄瓜、西红柿等是文莱人较为喜爱的蔬菜。文莱人讲究食物的质，好吃辣，但口味以不太咸为好。此外，文莱的马来族人有食用佬叶的习惯，一般都常与蜂蜜和食用石灰一起嚼着吃，并用以招待宾朋好友。文莱

---

① 中华人民共和国驻文莱达鲁萨兰国大使馆经济商务参赞处．姓名与称谓［EB/OL］．http：//bn.mofcom.gov.cn/article/ddgk/zwfengsu/200304/20030400081347.shtml.

的名小吃主要有沙爹、烤鸡、烤鱼、steamboats 等。由于地理位置的优势,文莱盛产许多热带水果,包括芒果、榴莲等。在文莱的饮食习惯中也有一些禁忌,文莱人信奉伊斯兰教,忌吃猪肉,不吃自死的动物肉和血液;同时,文莱是一个禁酒的国家,只有在专门的酒吧允许饮酒,没有卖酒的商店也不允许在公共场合饮酒。在特殊情况下,游客也仅被允许带少许酒入境,限额为275毫升。

(4)节日。文莱作为一个民族传统浓郁的国家,也具有属于国民共同庆祝的节日,这些节日中既有主体民族的传统节日,也有外来少数民族的节日;既有按照伊斯兰教历推算的节日,也有按照中国农历推算的节日(见表1-1)。

表1-1 文莱主要节日一览

时间	节日	简介
1月1日	独立日(新年元旦节)	国际惯例上的新年元旦节,也是文莱宣布独立的纪念日
2月23日	国庆节	始于1984年,为现任苏丹父亲的生辰,通常通过斯里巴加湾市的盛大仪式进行庆贺
5月31日	文莱皇家武装部队庆祝日	斯里巴加湾市中心及其他地区举办军容展示和庆典
6月15日	穆罕默德先知诞辰日	举行圣纪,清真寺院的门楼上绿旗飘扬,巨大的香炉内点燃着卫生香。数十名满拉,高声齐诵着《古兰经》的相关内容
7月15日	苏丹陛下华诞	现任文莱苏丹哈吉·哈桑纳尔·博尔基亚的生日,全城燃放烟火,举行热闹的盛典
回历9月	斋戒月	穆斯林的斋戒月,为期30天。所有穆斯林在日出之后,禁吃饭、喝水,甚至连口水也不容许吞进肚子里去,直到日落,日落后可自由吃喝
回历10月初	开斋节	具体时间根据观察新月定,届时斋戒月结束,苏丹皇宫也将对游客开放
12月25日	圣诞节	同大多数国家
根据具体年份定	华人春节	文莱华人庆祝中国的春节,在中国农历大年初一,全国放假1天。所有华人都身着中式服装,举着气球,穿梭在满街的红色贺新春的标语广告牌之间,拜年声不绝,道喜声连连。同时各商家也迎来销售高峰,街上还不时有舞狮的和耍龙灯的,精彩纷呈

续表

时间	节日	简介
收获季节	稻米收获节	稻米收获节是文莱土著达雅克人庆祝丰收的节日。这一节日一般会持续3天，人们准备各种食物，聚在一起，载歌载舞感谢神灵庇佑并预祝来年的再次丰收

（5）语言。文莱的官方语言主要为马来语，属马来—波利尼西亚语系。重要场合和活动庆典包括宗教活动均使用马来语。随着英国人的到来，英语开始在文莱普及。随着经济全球化，文莱人通常具备马来语、英语、汉语的基本听说读写能力，图书、杂志等出版物中的语言也包括马来文、英文及中文。

（6）文化艺术。除了传统服饰、节日、语言等方面外，文莱的文化艺术也极具内涵。其音乐与舞蹈非常富有民族特色。文莱的音乐与舞蹈大多表达了男女之间的爱慕之情，以丰收的喜悦、劳动的快乐等为主题。著名的民间舞蹈主要有：莎玛林当舞、安丁舞、阿都—阿都舞、吉宾舞、阿代—阿代舞、波纳里舞和色卡普舞。

手工艺方面，文莱拥有着制作各类手工艺品的能工巧匠，文莱的手工艺品向来追求色彩、图案的美观和工艺精细的结合，其中金银器尤其有名。

由于文莱有着悠久的历史，且比较重视对国家和王室历史的记载，注重对文化的保护，文莱建有三座博物馆。这三座博物馆均位于首都斯里巴加湾市，分别为文莱国家博物馆、丘吉尔纪念馆和工艺美术中心。

3. 文莱的教育

文莱的现代教育是从20世纪英国殖民统治时期开始。英国殖民统治者通过资金注入的方式控制了文莱传统的私立学校，同时引入西方教育方式在文莱培养利于其巩固统治的人才。今天，文莱的常规教育主要分为初等、中等、职业技术和高等教育，同时文莱的文化教育还包括创业教育和华文教育。其中独立后起步的高等教育具有起步晚、发展快、宗教色彩浓烈、专业技术性强等特点。

（1）资深高等院校。文莱第一所高等院校——文莱大学成立于1985年。成立于20世纪80~90年代初期的资深高等院校还包括文莱理工学院、拉希达护理学院和文莱古兰经学院①。其中，文莱大学（University Brunei Darussalam）全称为文莱达鲁萨兰大学。是文莱唯一的综合性大学。文莱大学网址为：http：//www.ubd.edu.bn/。文莱理工学院（Institute Technology Brunei），被誉为"培养科技人才的摇篮"。该大学设有商务、工程和计算机等学科与专业。文莱理工学院的网址为：http：//www.itb.edu.bn/。文莱古兰经学院（Institute Tahfiz Al-Quran Sultan Hassanal Bolkiah），则是一所系统学习与研究《古兰经》和伊斯兰文化的宗教学府。

（2）"年轻"的高等院校。21世纪初，文莱政府基于人才需求成立了更多的高等院校。包括：文莱拉克萨马纳商学院、文莱地球空间信息专科学校、文莱苏丹·沙立夫·阿里回教大学②。其中，文莱拉克萨马纳商学院（Laksamana College of Business）成立于2002年3月。专业领域包括会计、商学、法学、资讯科技、旅游等。学院与英国肯辛顿商学院联合办学。完成学业的学生能够获得英国学位。文莱地球空间信息专科学校（The Brunei Institute of Geomatics）是一所专业性极强的学校，致力于培养土地测量、遥感科学、照相测量等领域的科技人才。文莱苏丹·沙立夫·阿里回教大学（University Islam Sultan Sharif Ali）为伊斯兰高教机构，设有阿拉伯语言与伊斯兰文明学院、回教法与国际法学院、回教法规法典学院、工商管理学院、沙非仪③、研究中心五个学院（该校网址：http：//www.unissa.edu.bn/）。

（3）华文教育学校。华文教育在文莱教育体系中相当重要。较为有名的华文学校包括：文莱中华中学、培英学苑。文莱中华中学（Chung Hwa Middle School）是文莱华人先辈为了传承传统文化于1918年创办的。最初以私塾方式授课，1922年正式更名为现名。目前，已经成为文莱规模最大、历史最长、师生人数最多的华文学校。培英学苑（Seri Mulia Sajarna School），成立于1992年。学校开设了培养学生中华文化兴趣的课程，为华文教育在文莱的普及以及中华民族传统文化的弘扬做出重大贡献。

---

① 郭元斌. 文莱高等教育述评［J］. 郧阳师范高等专科学校学报，2009（2）：142.
② 郭元斌. 文莱高等教育述评［J］. 郧阳师范高等专科学校学报，2009（2）：143.
③ 沙非仪：伊斯兰教教法的四大派系之一。

第三节 文莱的产业结构

一、第一产业

1. 文莱农业综述

基于地理位置与气候特征，文莱传统农作物包括水稻、蔬菜及水果。水稻为主要作物，能够在自给自足的基础上保有少量出口；水果与蔬菜则产量较少。1970年以来，文莱石油天然气等产业的蓬勃发展使文莱人的观念发生了转变，许多从事农业生产的人投身石油天然气及公共服务业当中。这重创了文莱传统农业。近年来，文莱农业虽恢复较快增长，但农业耕地面积仍较小，农业从业人员数量较少，农业收入占国内生产总值比重较低。根据文莱农业局统计数据，目前文莱的禽、蛋已实现100%自给，水产品自给率约90%，蔬菜和水果自给率分别为86%和25%，粮食和肉类产品产量较低，主要依赖进口。

2. 文莱农作物概况

文莱主要的农作物为玉米、小麦和高粱。水稻的种植面积和产量较少，以2015年为例，文莱水稻产量为1983.2吨，而在文莱粮食消费中大米的消费量累计为3.33万吨。由于供不应求，94.1%的大米消费需要依赖于进口。进口大米中又有97%的大米产自泰国。为此，文莱政府采取管制与补贴的价格政策，有针对性地调高国产大米的价格。文莱市场上国产大米与泰米价格如表1-2所示。

而在蔬菜与水果方面，文莱主要的蔬菜类别包括叶菜、果菜、根菜和食用菌类[1]，水果主要为热带水果，包括香蕉、西瓜、菠萝、榴莲，产量较小。

3. 文莱畜牧业概况

来自文莱政府的最新数据显示，2015年畜牧业总产值为197.14百万美元，

---

[1] 文苑. 文莱农业生产现状 [J]. 世界热带农业信息，2004 (12): 3-4.

占据了文莱农业和农业食品加工行业的较大比例产值（见图1-1）。

表1-2 文莱国内市场大米价格情况

产地	进口泰国大米		国产大米	
类型	香米	普通米	糯米	普通米
价格（文莱元/公斤）	1.25	0.85	0.76	2.81

资料来源：根据文莱农业部数据整理。

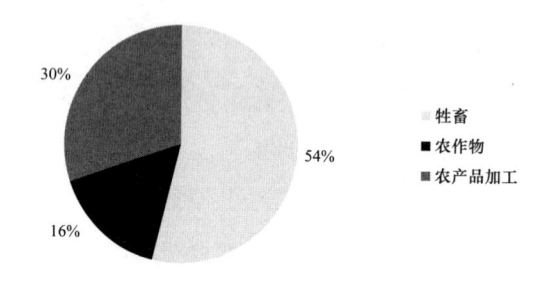

图1-1 2015年文莱农业和农产品产值构成

资料来源：根据文莱农业部数据整理。

文莱畜牧业主要包括以下行业：鸡肉生产商（肉鸡养殖场）[Chicken Meat Producers（Broiler Farms）]、鸡蛋生产商（Chicken Egg Producers）、种鸡养殖场（鸡生产）[Chicken Breeder Farms（Chick Producers）]、其他食用鸡蛋生产商（Producers of Other Edible Eggs）、牛肉和水牛肉生产商（Beef and Buffalo Meat Producers）、山羊养殖场（Goat Farms）和奶牛场（Dairy Farms）。

4. 文莱农产品加工概况

文莱的农产品加工主要是为了满足清真食品市场而进行的农作物和畜牧的食品加工。文莱目前已建立清真科学中心，并于2014年7月开始启动，旨在将清真产品产业化。文莱清真食品中心将与三家国际机构合作，包括佛罗里达州立大学、大阪大学工程研究生院和日本食品研究实验室。韩国公司也将作为生物技术的合作伙伴参与清真产品的研究和开发。文莱不断增长对清真食品的需求已经使食品行业开辟了新路。尚未开发的农业资源与其国内具有精湛技术的研究人员的结合将是清真食品研究发展的重要组合。随着其在英国办公室业务的开展，文莱清真（BH）品牌已经成为文莱国家在全球的代表，如表1-3所示。

表1-3　2011~2015年文莱农产品加工业产值

年份	畜牧业加工（百万文莱元）	农作物加工（百万文莱元）
2011	10.25	46.96
2012	13.31	49.52
2013	44.20	42.03
2014	43.87	58.81
2015	45.27	65.21

资料来源：根据文莱农业部数据整理。

二、第二产业

文莱原本从几乎没有规模工业，但自20世纪六七十年代石油与天然气资源的开采改变了文莱的经济结构，能源工业逐步成为文莱经济中的支柱产业。然而过分地依赖于能源产业不利于文莱长远的发展，因此政府开始大力倡导经济多元化，不断地拓展非石油产业，如建筑业、制造业、消费品工业。其中建筑业是除能源产业外第二大的产业，而食品加工、纺织、家具制造等行业的规模仍旧较小。据统计，2015年文莱共有5486家中小企业。

1. 能源工业

石油和天然气的开采和提炼是文莱能源工业最主要的组成部分。文莱除了陆地油田外，还拥有7个海上油田，包括诗里亚油田、杰鲁东油田、菲尔利油田等。文莱石油天然气工业产值占国内生产总值的40%和出口收入的93.6%。

2. 建筑业

21世纪以来文莱加大了对建筑业和基础设施的投资力度，建筑业在文莱国内生产总值（GDP）中所占比例保持在4%左右。在政府的积极推动下，文莱建筑承包市场的重心在于基础设施和经济适用房的建设。其建筑业呈现出以下四大

百万文莱元

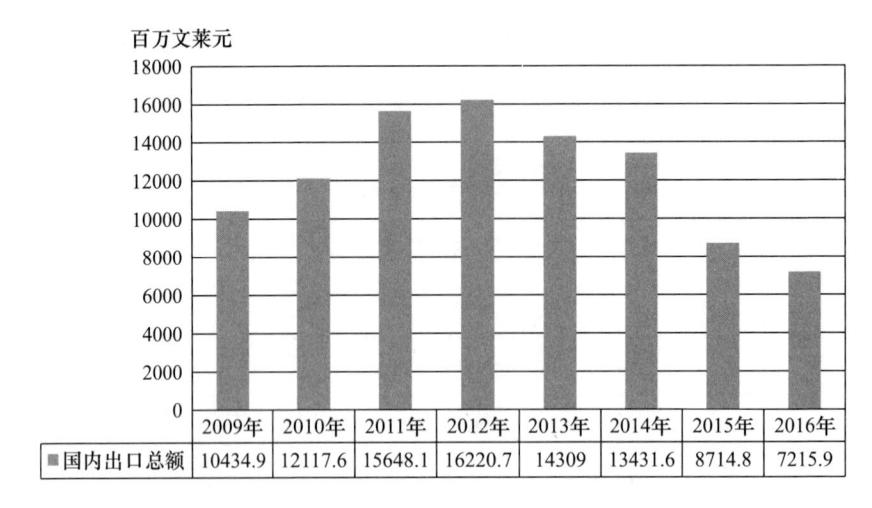

	2009年	2010年	2011年	2012年	2013年	2014年	2015年	2016年
国内出口总额	10434.9	12117.6	15648.1	16220.7	14309	13431.6	8714.8	7215.9

图1-2 文莱2009~2016年国内出口统计

百万文莱元

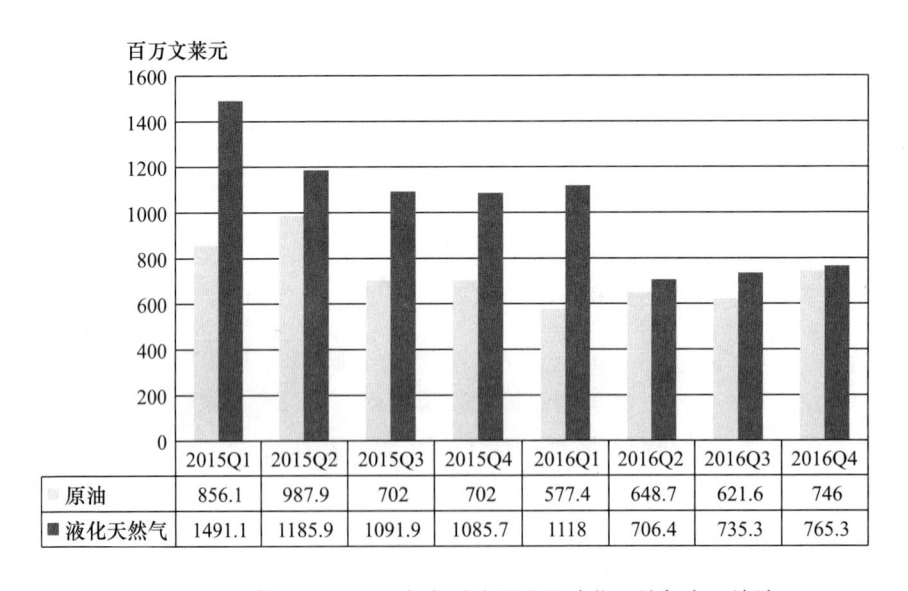

	2015Q1	2015Q2	2015Q3	2015Q4	2016Q1	2016Q2	2016Q3	2016Q4
原油	856.1	987.9	702	702	577.4	648.7	621.6	746
液化天然气	1491.1	1185.9	1091.9	1085.7	1118	706.4	735.3	765.3

图1-3 文莱2015~2016年各季度原油及液化天然气出口统计

特点：①市场容量不足；②依赖政府投资拉动；③许可证和劳工配额限制；④税收环境相对宽松。

三、第三产业

随着文莱多元化经济的发展，文莱第三产业也得到一定的发展。目前，文莱的第三产业主要包括旅游业、交通运输业、财政金融业等，较为著名的相关企业有 QAF 公司、皇家文莱航空公司（RBA）、文莱轮船公司（BSC）等。

1. 旅游业

2010 年以来，文莱政府提高了对旅游业发展的重视程度，积极开展各项措施吸引游客赴文莱观光旅游，进而推动了文莱旅游业的发展。文莱颇具特色的主要旅游景点包括水村、王室陈列馆、赛福鼎清真寺、杰鲁东公园等。至 2010 年中国成为文莱最大的游客入境市场，赴文莱旅游的中国游客达 2.2 万人次。

2. 交通运输

当前文莱交通运输主要依赖于公路、水运与航空，尚未开通铁路。公路是文莱国家重点发展规划之一，文莱投入了较大的财力、物力进行公路的建设。同时，文莱登记车辆较多，是东南亚拥有私家车比例最多的国家之一。可以看出公路是文莱人出行所采用的最普遍的交通方式。水运是文莱重要的交通渠道，文莱拥有多处优良港口，斯里巴加湾市港、诗里亚港、卢穆港、穆阿拉深水港等均为文莱著名的港口，这些港口中部分港口主要用于出口石油与天然气。河运方面，文莱境内的几条内河充分发挥了货运与客运的作用；海运方面，文莱的目的地包括中国香港、吉隆坡、马尼拉、新加坡等码头。空运方面，文莱在首都斯里巴加湾市设立了国际机场，文莱皇家航空公司有 10 架客机，开辟了 18 条国际航线[①]。

3. 财政金融

国家财政收入主要依赖石油和天然气出口，近两年来政府财政收入仍有盈余且外汇储备方面无外债。2008 年，文莱财政部颁布了伊斯兰银行法令和伊斯兰保险法令，加强了对金融系统的监管，并于 2011 年成立了国家金融管理局，负责国币政策的执行与银行体系的监管。文莱共有 10 家商业银行，包括文莱达鲁萨兰伊斯兰银行（IBDB）、伊斯兰发展银行（IDBBB）、佰都利银行（BAIDURI）等。2016 年，中国银行香港有限公司获批在文莱设立分支机构。

---

① 资料来源：文莱首相府经济计划发展局统计公报。

第四节　文莱政体、政府部门及相关机构

一、文莱王室及其近年的重要活动

1. 文莱王室简介

文莱王室已有600余年历史，君主制一直延续至今。哈吉·哈桑纳尔·博尔基亚是现任29世苏丹，文莱王室世系如表1-4所示。

表1-4　文莱王室世系表

苏丹	时间
苏丹穆罕默德沙	1363~1402年
苏丹阿哈默德	1408~1425年
苏丹沙里夫·阿里	1425~1432年
苏丹苏莱文	1432~1485年
苏丹博尔基亚	1485~1524年
苏丹阿布加哈	1524~1530年
苏丹赛尔夫里贾	1533~1581年
苏丹沙文莱达鲁萨兰	1581~1582年
苏丹穆罕默德哈山	1582~1598年
苏丹阿都贾里鲁阿巴	1598~1659年
苏丹阿都贾里鲁贾巴	1659~1660年
苏丹哈只穆罕默德阿里	1660~1661年
苏丹阿都赫古尔穆宾	1661~1673年
苏丹姆尔汀	1673~1690年
苏丹那素鲁汀	1690~1710年
苏丹胡先卡玛鲁汀	1710~1730年、1737~1740年

续表

苏丹	时间
苏丹穆罕默德阿留汀	1730~1737 年
苏丹奥玛阿里赛义夫汀一世	1740~1795 年
苏丹穆罕默德丹祖汀	1795~1804 年、1804~1807 年
苏丹穆罕默德贾里鲁阿兰一世	1804 年
苏丹穆罕默德根祖阿兰	1807~1826 年
苏丹穆罕默德阿兰	1826~1828 年
苏丹奥玛阿里赛义夫汀二世	1828~1852 年
苏丹阿都姆汶	1852~1885 年
Sultan Hashim Jalilul Alam Aqamaddin	1885~1906 年
苏丹穆罕默德贾里鲁阿兰二世	1906~1924 年
苏丹阿哈默德丹祖汀	1924~1950 年
苏丹奥玛阿里赛尔夫汀三世	1950~1967 年
苏丹哈吉·哈桑纳尔·博尔基亚	1967 年至今

文莱王室的主要成员包括：文莱苏丹哈吉·哈桑纳尔·博尔基亚、穆伊扎丁·瓦达乌拉、穆赫塔迪·比拉王储、王子阿齐姆。其中穆赫塔迪·比拉王储是文莱苏丹和第一个夫人所生。留学归国后，比拉先后在多个政府部门挂职锻炼，积累经验的同时提升了执政能力，在文莱政坛崭露头角。于 1998 年被正式册封为王储。阿齐姆王子是文莱苏丹的幼子、王位第三号继承人。

2. 文莱王室 2015~2016 年的重要活动

（1）文莱苏丹殿下会见英国首相卡梅伦。2015 年 2 月 16 日文莱苏丹殿下会见英国首相卡梅伦，在英国白金汉郡的契克斯庄园举行了会谈。两人讨论了进一步加强现有双边合作的途径，并就共同关心的区域和国际事务交换了看法。会谈过后，两人就英军辜加兵团延长驻扎诗里亚和 1983 年 9 月 22 日英军在汶协议修订条文进行了签字和换文。

（2）皇宫鸣放 17 响礼炮苏丹添男外孙。伊斯兰年历 1436 年 4 月 24 日对应公历的 2015 年 2 月 13 日，苏丹喜得一位皇孙（即哈嘉哈菲扎公主的儿子）。这是公主和夫婿的第二个孩子，他俩的第一个孩子本基兰阿纳莫哈末扎因于 2013 年出生。为此，奴鲁伊曼皇宫鸣放了 17 响礼炮。

(3) 皇太子接见彭清华。2015 年 3 月 31 日上午，文莱皇太子也是首相署高级部长哈芝阿尔慕达迪比拉，接见了正在文莱工作访问的广西壮族自治区党委书记彭清华及其代表团的主要成员。彭清华及其代表团于 3 月 30 日傍晚由香港抵达文莱进行 3 天访问。

(4) 皇家婚礼于 2015 年 4 月举行。由文莱苏丹殿下主持的二王子 Abdul Malik 王子与 Dayangku Raabiatul Adawiyyah Pengiran Haji Bolkiah 王妃的皇家婚礼将于 2015 年 4 月举行，为期 11 天。

(5) 苏丹出席东盟峰会呼吁加强区外伙伴合作。文莱苏丹哈芝哈山纳波基亚 4 月 27 日上午出席了在吉隆坡会议中心（KLCC）举行的第 26 届东盟峰会的开幕礼和过后的峰会全体会议。本届峰会围绕"我们的人民、我们的社区、我们的愿景"这一主题进行了讨论。领导人也就 2015 年后东盟共同体的愿景和战略方向以及东盟对外关系的加强事宜展开磋商。

(6) 王子顺利在英国本科毕业。2015 年 7 月 22 日皇家办公室宣布，王子殿下 Abdul Mateen 以优异的成绩从英国伦敦国王学院国际政治专业毕业，取得了文学学士学位。7 月 21 日，毕业典礼在伦敦巴比肯艺术中心举行。

(7) 苏丹称赞中国对东盟共同体建设进程做出的贡献。2015 年 11 月，在第 18 届东盟—中国峰会上，文莱苏丹赞赏李克强总理对如何推进东盟和中国两国战略伙伴关系的看法。认为东盟与中国的合作已在许多领域取得进展。中国对东盟的经济发展有很大贡献，已经成为东盟最大的贸易伙伴和外国直接投资的重要来源，对中国提出的"一带一路"倡议开辟了新机遇表示赞赏。

(8) 文莱苏丹主持国庆日逾 2 万人大集会。文莱全国于 2016 年 2 月 23 日热烈庆祝第 32 届文莱国庆日，在斯市的奥玛阿里赛福汀广场举行，文莱苏丹陛下将亲临广场主持国庆日庆典。本届文莱国庆日之主题为"有远见的新生代"。参加游行之队伍有国旗队、文莱皇家武装部队、文莱皇家警察部队、内阁部门、政府穿制服团体、非政府穿制服团体、大专院校、各县区代表队、工商机构、各族群代表、地方领袖代表、外侨代表及相关单位等。

(9) 文莱苏丹携皇室成员与华人社团联欢贺新春。2016 年 3 月 7 日，文莱苏丹携皇室成员出席在斯里巴加湾国际会议中心举行的 2016 年度文莱华人社团新春联欢大团拜活动，与文莱华人共庆新春，与参与演出的演员进行了亲切交谈。

(10) 文莱皇宫"开门迎宾",王室与民同庆开斋节。2016年7月7~9日,文莱努洛伊曼王宫向公众开放,苏丹携皇室成员,与民众共同庆祝穆斯林重要节日开斋节。苏丹和皇室成员亲切接见民众,并真诚邀约到场道民众共享盛宴。

二、文莱政体

马来伊斯兰君主制是文莱立国之本,伊斯兰文化更是文莱政治的基石。文莱马来伊斯兰君主制是世界上独一无二的政治制度,是文莱的立国之本和治国基础。其内涵为:文莱是紧密团结在伊斯兰教与苏丹周围,并以苏丹作为国家元首的马来人占多数的国家。马来、伊斯兰与君主是文莱政治制度的三根支柱,三者含义不同,但相互补充。"马来",是为确保马来民族权利的有效性和特殊性,是文莱王室、家庭、社会、民族和国家生活的支柱。"伊斯兰",作为文莱国教的伊斯兰教是确保文莱独特、完美的社会生活方式的基本准则。"君主",文莱实行君主制,苏丹是文莱的最高统治者,拥有统治国家的最高权力[1]。为了维护国家根本政治制度,文莱苏丹通过一系列的措施在国内推行马来化,宣扬伊斯兰教,维护自己君主的绝对权威。因此,伊斯兰教完全处于文莱政治经济和社会文化生活的核心。但随着经济全球化、现代移动通信技术和互联网社交媒体的普及,西方价值观慢慢渗入文莱各个领域,影响了文莱国民的价值观和生活方式。一些人开始反思传统观念,对文莱君主制政体、伊斯兰教提出了质疑和抨击,也对文莱政治根基稳固造成一定冲击。因此,宗教及政治问题一直是文莱非常敏感的话题。为了维护马来伊斯兰君主制,苏丹在2014年正式实施了《伊斯兰刑法》。在极端穆斯林分子对全球社会造成严重伤害的背景下,引发国际社会的密切关注,受到西方国家的质疑。但是,利用伊斯兰教为君主制提供合法性依据,进而确保在和平稳定的政治环境中进行经济改革,是"2035宏愿"得以顺利实现的制度和文化基础,为此文莱实施《伊斯兰刑法》的态度十分坚定。从其发展战略来看,文莱政府正努力通过转变政府职能,提高政府

---

[1] 刘新生,潘正秀.列国志·文莱[M].北京:社会科学文献出版社,2005:67.

管理社会经济的效率，并进一步完善伊斯兰法律体系，以巩固其马来伊斯兰君主制。文莱也重视传统文化的传承，强调保持民族特性和伊斯兰生活方式的重要性，推动传统价值观念对全社会基本行为准则的引领。深入了解这一点，对"一带一路"倡仪规划在文莱落地的政策框架设计及实现民心相通，将提供一个基础性的支点。

三、相关政府部门

文莱政府第一届内阁成立于1984年1月1日。当时的新内阁由7个人组成，设立十个部门：内政部、国防部、财政部、外交部、文化、青年和体育部、交通部、教育卫生部、建设部和司法部。苏丹哈桑纳尔博尔基亚担任首相，并兼任财政大臣和内政大臣。经历了1989年、2005年、2010年、2015年四次改组，当前新内阁为文莱自1984年独立以来的第五届内阁，新内阁成员改组名单由苏丹哈桑纳尔2015年10月22日批准宣布，有效期为5年。新内阁下设的13个部门包括：首相署、国防部、财政部、内政部、外交与贸易部、能源和工业部、教育部、宗教部、发展部、初级资源和旅游部、交通部、卫生部、青年和体育部。

具体来看：现任文莱首相署首相为苏丹哈桑纳尔，阿尔穆塔迪·比拉王储任高级部长，拿督罗斯兰任副部长。国防部部长由苏丹哈桑纳尔兼任，阿卜杜勒阿齐兹任副部长，国防部的职责包括：①维护国家的主权和安全，以及国家的团结、发展和和谐；②加强文莱达鲁萨兰国与邻国军事关系，维护区域、国际安全稳定，促进与邻国间的相互理解，促进两国政府的友好邦交；③增强军事人员面对挑战的竞争力；④提高军事人员和文职人员的工作效率，使其能适应国防环境的变化；⑤与其他政府机构合作，为其他政府机构履行职能提供支持。另一由苏丹哈桑纳尔兼任部长的部门为财政部，拉赫曼任文莱财政部第二财长，财政部为文莱负责财政收入、财政预算事务的部门。外交与贸易部成立于1984年，地址位于斯里巴加湾市，负责文莱对外关系，国际外交使团和国家外贸政策，部长为穆罕默德·博尔基亚亲王，第二部长为林玉成。内政部主要负责文莱内政事务，部长为巴达鲁丁。教育部负责文莱教育的政府部门，包括学校系统、行政部门、课程设置，部长为阿布巴卡尔。

第五节 结语

文莱是位于东南亚的"袖珍之国",尽管领土面积小,但地理位置及海岸线的优势为文莱带来了丰富的油气资源、森林资源、渔业资源。文莱的行政区域分区、乡和村三级,全国划分为文莱—穆阿拉区、都东区、马来奕区、淡布隆区4个区。2015年,文莱人口共428981人,其中66.4%为马来人,男女比例较均衡。

文莱的历史主要经历了古代、西方列强入侵、殖民统治、争取独立四个阶段,1984年文莱宣布独立,并以独立自主的国家的身份加入了各类世界性、区域性合作组织。独立后的30多年来,文莱政局稳定,经济不断发展,人民生活水平也不断提高。文莱文化深受伊斯兰教的影响,风俗文化中带着浓重的伊斯兰教和马来色彩。文莱政府重视文化教育,有起步晚、发展快、宗教色彩浓烈、专业技术性强等特点。

文莱是东盟最富裕的马来伊斯兰君主制国家,也是东南亚唯一没有真正意义依靠农业的国家,经济结构高度依赖能源产业。能源产业占GDP比值仍高达40%以上。文莱依靠丰富的油气资源,30年间经济高速增长,拥有令人称羡的国民福利待遇体系。但作为单一经济结构形成和发展的主要推手,对能源产业的过度依赖也令文莱陷入转型困境。受政策、观念、环境、技术等因素的影响,尽管近年来文莱的农业产量呈增长的趋势,但仍旧十分落后。许多农业产品无法满足自足,必须依靠进口。在第二产业中,次于油气行业的第二大产业为建筑业,其制造业和消费品行业的规模较小。近年来,文莱第三产业包括旅游业、交通运输业、金融业,也得到了一定程度的发展。但总体而言,尽管文莱政府大力强调和倡导多元经济,但经济仍旧主要依靠油气产业,经济结构单一,其他产业相对落后,发展速度缓慢。因此近年来国际油价的大幅波动对文莱经济发展带来了较大的负面影响。近年来,为扭转这种格局,文莱提出经济多元化战略转型。未来将致力于发展私营企业、吸引外资和促进产业结构多元化。在延伸油气产业链的同时，努力发展进口替代型和出口加工型工业以及农业、渔业和旅游、金融、信息服务等产业。鼓励私营部门利用亚太经合组织（APEC）、东盟经济共同体（AEC）、东盟东部增长区（BIMP EAGA）以及跨太平洋伙伴协定（TPP）等现有区域合作机制，积极开拓国际市场[①]。同时，文莱也重视区域全面经济伙伴关系（RCEP）、亚太自贸区（FTAAP）、亚洲基础设施投资银行等新的合作契机，事实上，近两年项目投资成为文莱经济增长的重要动力，2016年文莱财政部仍将聚焦在商业、金融、大型发展项目的招商引资上。文莱加强贸易、投资的愿望与"一带一路"规划力图实现的贸易畅通、资金融通相吻合。经济多元化战略的发展对于外资的需求将有助于两国相关产业合作，以及技术、管理、资金、人力资源的流通。

政治方面，文莱是马来伊斯兰君主制国家。近年来文莱苏丹通过政府部门人事及架构的调整、提高政府公共管理的效率及法制、社会的伊斯兰化等举措，其权力得到进一步强化，政局将保持稳定。

综上所述，预计未来文莱的马来伊斯兰君主制政体将继续维系并得到进一步巩固。文莱苏丹注重民生、致力于经济转型及培养新一代商界及政治精英、全面伊斯兰化及提升政府管理效率的诸多努力，将使绝大部分文莱人民继续享有较高的生活水准，并安居乐业。这也确保了未来文莱的政局及社会继续稳定，人口稳步增长。民族和宗教文化传承有序，传统价值观将继续引领文莱人民的思维模式和行为方式。"一超多微"的产业格局将继续存在，在短期内难以改变。随着文莱多元化经济的倡导与推进，产业结构会逐步得到一定改善，其农业、制造业、旅游业等行业得到一定的发展。但文莱的经济发展走势仍由于国际油价的下行大趋势而存在着不确定性。文莱经济转型的任务依然艰巨，任重而道远。

---

① 经济问题为文莱第12届立法会讨论焦点。

第二章 文莱政治

文莱是一个穆斯林君主制国家，实行严格的君主专制。其政治体制的特点是：①实行绝对的君主制。文莱尽管实行君主立宪制，但文莱宪法的精髓是：君主有绝对权威。文莱苏丹是国家权力的绝对核心，掌控所有权力。国民不得反对或抨击文莱苏丹的决策及主张。②政局稳定性。文莱国家政策的连续性是与其政局的稳定性直接相关的一个重要因素。文莱政局稳定使得政府政策保持了较好的连续性，有利于吸引外资和树立文莱良好的国家形象。同时其较好的政策连续性又进一步增强了文莱政局的稳定性。③民主特征逐渐淡化。这种淡化开始于1970年选举的取消，1984年初立法会议中止。从一些命令的引文可以推测，政府由一个"立法机构"来发布法律，还存在一个"立法程序"。但这个"立法机构"所通过的法律很少作为法令公布。目前，文莱不存在立法机构，也没有选举（除了村一级），从而形成文莱人的弱参与取向，"大多数文莱人仍然'关注他们的福祉'而不愿意接受变革思想"[1]。

第一节 文莱政治特点

马来伊斯兰君主制是文莱的政治制度，也是文莱苏丹王朝赖以统治的根基。

---

[1] 徐秦法，林勇灵. 中国—东盟多元政治体制下的政治合作研究 [M]. 北京：人民日报出版社，2012.

苏丹政府极力保护和促进文莱马来人的地位和权益。马来人在文莱享有公民权、土地所有和流转权、服兵役等一系列特权，而且苏丹政府推行"经济文莱化"政策，优先保障马来人在事关文莱国家经济命脉的油气产业的垄断地位，油气开采、加工、加油站等业务只能由原住民经营，并鼓励马来人成为工商业的主导，广泛参与技术管理工作。同时，政府还规定外资项目必须有本地资本参与投资管理，必须优先雇用和提拔文莱马来人；文莱宪法规定伊斯兰教为国教，并以伊斯兰教义作为政府制定政策的原则和规范社会行为的准绳。文莱苏丹将国家伊斯兰化视为维护君主政体的主要理论基础，从伊斯兰教义中寻找君权神授的依据。宣传"伊斯兰君主政治思想"，将忠君思想与伊斯兰精神相结合，以维护和神化苏丹统治。

一、绝对君主制

文莱苏丹王朝历史悠久。15世纪初文莱国王阿旺·阿拉克·贝塔塔尔（Awang Alak Betatar）与马敕加国联姻，积极引入伊斯兰教，被尊称为苏丹穆哈玛德·沙（Muhammad Shah）。发展至今，文莱苏丹王朝已经有600多年历史，是仅次于日本菊花王朝、柬埔寨王朝的现存亚洲的第三长王朝。文莱是君主制国家，皇室苏丹家族牢牢掌控着文莱政权。即使在受英国完全保护时期，文莱仍然保留苏丹政权，负责国家内政管理。文莱独立后，苏丹政权得到进一步巩固。

文莱作为君主立宪制国家，同泰国、马来西亚的君主立宪制完全不同。在文莱，国家元首是世袭苏丹，苏丹行使立法和行政大权，有权任命中央国家机构的所有成员。虽设有一个由33个议员组成的立法议会，但其议员并非由选民选举产生，而完全由苏丹任命。其内阁也并非独立的行政机构，而是苏丹的行政工具，其职责是协助苏丹执掌大权。此外，文莱苏丹的绝对权力还体现在不允许苏丹家族以外的马来人染指政权。因此，非苏丹家族的马来人的政治势力也被排除在国家权力之外。

文莱是东南亚国家中唯一绝对的君主制国家。其一般特征是：第一，国家最高权力集中于君主一人手中；第二，王位终身和世袭；第三，君主通过对其本人负责的政治军事官僚机构管理国家。虽然文莱在1984年独立时颁布宪法修正案，称"国家实行立宪君主制"，但实质上文莱苏丹拥有绝对权力，其政体特征与绝对君主制的特征完全吻合①。

　　文莱绝对君主专制的特点在文莱宪法和政治权力结构中体现得很清楚。文莱在 1956 年 9 月 29 日颁布了第一部宪法，1984 年独立后它的基本条款继续有效，并于 1971 年、1984 年和 2004 年进行重要的修改。修改后的宪法进一步加强了文莱"马来、伊斯兰和君主制"三位一体的政治体制。其中，2004 年的宪法修正案赋予了苏丹无须立法院的同意而颁布紧急法令的权力。

　　文莱的政府是按照宪法和三位一体的政治理念建构起来的，包括内阁部长会议、宗教委员会、枢密院和继承委员会，人员由苏丹任命，协助苏丹理政。内阁部长会议是文莱最高行政机构，由首相及各部部长等组成。枢密院是为苏丹提供有关宪法条文修改，职务任免、罪犯赦免、封赐称号等方面的参考意见的咨询机关，由政府各部部长、苏丹指定的其他委员和英国高级专员组成。宗教委员会负责伊斯兰教的教务工作，并就有关伊斯兰教的事务向苏丹提出建议。王位继承委员会的主要职能是讨论和决定苏丹的继承人问题，其皆为核心贵族。

　　立法会议是文莱的立法机构，立法会议成员由苏丹提名的和推荐的成员组成，虽然也有民选成员，但民选成员实际上是由政府指定的。立法会议的最高决策者是苏丹。立法会议讨论的事项须事先经由苏丹同意和批准，如事先未征得苏丹同意，立法会议就不能讨论财政问题。如果某些法案，苏丹认为是符合国家利益的，即便立法会议未通过，苏丹仍可以宣布该法案有效。

　　文莱的司法体系是以英国习惯法为基础建立起来的，享有司法独立权，法律颁布权由苏丹掌握。最高司法长官（总检察长和高级法院司法专员）由苏丹任命。苏丹拥有司法赦免的权力。

　　从宪法和国家权力构成看，苏丹是国家权力的绝对核心，掌控所有权力：行政、立法和司法的最高权限都掌握在苏丹手上，不但可以任命各级政府官员，而且可以任命和制定立法会议成员；不但可以宣布国家紧急状态，而且可以修改包括宪法在内的所有法律。

---

① 祁广谋，钟智翔. 东南亚概论［M］. 北京：世界图书出版公司，2013.

二、马来人优先

文莱积极推行"马来人优先"的国策,在各个方面扶持马来族群。推行马来化为了维护马来人在人口结构上占多数,在经济实力、政治权利等各个方面占据优势。

1. 公民权的获得以马来人优先

公民权是生存发展的基础,也是参政议政的前提,更是谋生和发展的重要条件。文莱被称为东南亚最幸福的国家,国民享有的社会福利令其他国家的人民很羡慕,如公立学校、大学甚至出国留学实行免费教育,另外还有各种津贴、低息或无息贷款等,但是这些福利只限公民享有。在文莱,很多行业和福利只有公民才有权经营和享受。土地的获得更是公民的重要特权。

文莱的国籍政策是为马来民族量身定制的。太平洋战争之前,任何文莱人都没有公民权,在文莱出生的华人,也仅拥有英国保护民的身份。根据《1948年英国国籍法》,作为英国保护民的文莱人具有取得文莱公民权的资格。但1960年文莱政府公布的《国籍法》排除了大部分华人成为文莱公民的可能,因为《国籍法》规定,"只有在文莱出生,并且得到某一个政府承认的原住民(马来人和土著民族)者均可视为文莱公民,除此之外都是非公民"。因为很多华侨都是过去从海峡殖民地沙捞越移民到文莱的,他们原来拿的都是英国的护照。

而1984年修订的《国籍法》更是严格地以出生地主义和血统主义相结合的原则规定公民权的获得。该法规定:凡在文莱出生并属于某一个得到政府承认的原住民族(列举14种),可以自动取得公民身份,凡1949年1月28日以后出生于文莱或生于外国的文莱子女,都是文莱籍公民。马来人及与马来人相近的其他土著属于列举的14种原住民族之列,所以可以轻易获得文莱公民权。而华人获得公民权的权利却非常困难。非公民虽然可以申请归化入籍,但条件很苛刻。《国籍法》规定必须符合以下三个条件才可申请入籍:必须在文莱生活30年,连续居住25年以上;无须本国救济;通过马来语和一般知识考试。入籍考试中的马来语的有些考试内容不常见,老一辈的华人不熟悉,考试难通过,如文莱华人作家协会会长孙德安先生曾屡次参加入籍考试,均没有成功。

严苛的归化条件使相当部分华人成为无国籍者,这对他们出入文莱国门进行商务活动或者旅行极为不便。在华社和政府相关部门的多次协商下，修改了相关法令，无国籍的华人国籍一栏改为：文莱永久性居民。同时，申请公民的条件也有一定的放宽，以文莱当地出生的华人而论，凡年满18岁，在文莱居住满12年者均可参加入籍考试，申请入籍。

2. 政治上马来人垄断大部分权力

文莱苏丹国是马来人建立的。作为主体民族的马来人一直居于统治地位，垄断政治和行政权力，其他各民族则在开明的统治下生存，处于被统治地位。文莱独立后，沿袭英国保护期的政治惯例：所有由苏丹任命的官员，包括中央和地方县区以上的官员，只能由马来人担任。在文莱，政府高级官员中，非马来人寥寥无几。在国家核心机构，如内阁、枢密院中，马来人更是占据了90%以上的席位。在文莱军队中，也只有马来人才可以申请入伍。

3. 经济上马来人拥有特权

文莱政府大力推行"经济文莱化"政策，其实质是扶植马来人的经济地位，削弱入籍的非土著公民的经济实力。

经济上，马来人的经济特权首先表现为土地特权。1986年，文莱新《土地法典》规定：凡地契上盖有"BRUNEI JATI"（文莱原住民）印章的地皮，只有原住民可购买，非原住民只能租用。而"住者有其屋"的福利也仅向无土地的土著公民分配建筑住宅用地，非土著公民则无此福利，即使无房。

文莱政府不仅规定一些特殊行业及国民经济重要行业只能由原住民经营，还规定外商投资项目必须有本地资本参与投资和管理，必须优先雇用和提拔文莱马来人。以马来人为合作伙伴的企业可享受政府的优惠政策；在培养技术和管理干部队伍时，特别强调要提高马来人企业家的素质；在工程招标时，马来人有优先取得合约的权力；劳工就业方面，规定土著人在石油、天然气、建筑等主要企业就业，以及应选政府公务员时都有优先录用和晋升的机会。因此，文莱社会的上流阶层和政府的公务人员通常都是马来人。在国家经济支柱的油气产业中，管理阶层、董事会成员以及大部分的石油工人也是马来人。

政府制定吸引外资条例时，鼓励外资与当地人合作办企业。如在投标争取获得政府或文莱壳牌石油公司的合同时，有本地人参加的公司就容易中标。在文莱办的公司必须是在当地组建的，或者注册为外国公司的一个分公司，两者都必须到公司注册处登记注册。公共公司至少有 2 名股东,但最多不超过 50 名股东,其董事会也必须有一半成员是文莱籍人或文莱住民。显然,作为经济文莱化政策之一的投资政策旨在提高和促进马来人的经济利益,在吸引和利用外资的同时,防止外国支配文莱经济①。

4. 在文化和教育上推行马来化政策

自从 15 世纪,文莱建立伊斯兰君主国后,伊斯兰宗教信仰成为马来文化的重要特征。由于深厚的伊斯兰传统信仰,马来人的传统文化习俗与伊斯兰教对人的规范在很多方面融为一体。在文莱传统价值观念中,苏丹是马来人的保护者,马来人要对苏丹效忠。因此,"信教忠君"成为文莱马来文化的核心,不可亵渎。

马来语是文莱的国语,发展和保护马来语和文化是文莱教育政策的支点。《文莱1984年教育政策》中规定:公办中小学中,马来语是教学媒介语,所有学校都按规定标准修读马来语和英语。文莱政府对不同的学校给予的办学经费区别对待:马来语、英语和阿拉伯语学校全额拨给;而华语学校只拨部分。

三、伊斯兰化

占文莱人口主体的马来族人绝大多数信奉逊尼派伊斯兰教,还有部分华人和土著原民也信仰伊斯兰教。15 世纪初,伊斯兰教在文莱传播,并为当地的马来人所接受,马来人因而建立了政教合一的文莱苏丹国。文莱苏丹王朝的兴起和发展都与伊斯兰教的密切传播分不开。即使在英国统治时期,苏丹也一直保留管理宗教事务的权力。1959 年的文莱宪法将伊斯兰教定为文莱的国教。1984 年文莱独立时在宪法中明确规定:文莱国教为逊尼派伊斯兰教。

文莱独立以来,政府一直致力于强化伊斯兰教地位,把伊斯兰教作为政府政策制定的依据和整个社会的行为准则,力图使异教徒皈依伊斯兰教,从而使文莱变成一个一元化的穆斯林社会。文莱现任苏丹哈桑纳尔是虔诚的伊斯兰教徒,积极宣传伊斯兰君主政治思想,文莱任何人不得反对政府的伊斯兰化政策,也不得怀疑苏丹作为伊斯兰教领袖的权威。积极倡导以伊斯兰教信仰、忠君思想和文明

---

① 中国现代国际关系研究所民族与宗教研究中心. 周边地区民族宗教问题透视 [M]. 北京:时事出版社,2008:344.

礼貌为核心的生活方式，具体举措包括：花巨资增建清真寺；在文莱所有学校开设全体学生必修的"伊斯兰君主政治思想"课程；鼓励文莱穆斯林转变就业观念，积极参与商业行为，减少文莱在商业和建筑业领域对华人及外劳的依赖；在金融业中设立"文莱伊斯兰信托基金会"并鼓励文莱穆斯林以伊斯兰教的方式投资，或为前往麦加朝圣储蓄旅费；日常生活中禁止出售和饮用酒精类饮料，严禁传播淫秽、色情出版物；政府以非常隆重的方式庆祝伊斯兰教节日。同时极力维护文莱穆斯林国家的特性，坚决打击和取缔一些极端的伊斯兰教派，如1991年取缔了一个名叫杰马—阿尔—阿卡姆组织的原教旨主义组织。

20世纪90年代以来，针对西方自由化思潮的挑战和东南亚伊斯兰复兴运动的影响，文莱苏丹加速了国家的伊斯兰化进程。文莱国家的伊斯兰化体现在各个方面：

1. 日常生活道德规范伊斯兰化

在文莱，伊斯兰教规几乎成了人们社会生活的准则。宗教和道德达到了高度的一致。

伊斯兰教的最高层次是信德，其次就是根据这一终极价值推论出一般道德原则，再次就是具体的道德规范及道德戒律。伊斯兰教提倡的美德就是信德。而五功之首的"念功"，即是对信仰的确认。念功要求信徒口诵真言："万物非主，唯有安拉，穆罕默德，主的使者。"信仰是道德的基础，道德是信仰的产物。道德原则由信德演绎而来，又派生更为具体的道德规范。伊斯兰教的道德原则来源于《古兰经》，包括：顺从、敬畏、坚忍、行善、施舍、守中、安分、宽恕、仁爱、公正、赏善罚恶等。具体的道德规范则体现于《古兰经》的道德戒律中：禁酒、不吃猪肉、死物和血液，不浪费、不偷懒，遵守社会公德。每天5次课功，每周五到清真寺参加聚礼和祈祷。做"五功"。文莱穆斯林严格遵守《古兰经》的教义和教规。伊斯兰教中，道德和宗教达到了某种高度的统一[①]。

文莱政府要求穆斯林在日常生活中严格遵循《古兰经》教义，禁止酒类销售和严厉惩处其他伊斯兰教不允许的社会恶习。1990年，文莱在国内航班和俱

---

① 赵康，李英华. 中国传统思想道德与东南亚伦理 [M]. 北京：中国社会科学出版社，2007：226.

乐部禁止销售含酒精的饮料；1991年1月开始在全国范围内禁止销售及消费含酒精的饮料，外国旅客入境只允许携带2瓶烈酒和12罐啤酒①。

为了保障伊斯兰教义的遵守，文莱政府对违反伊斯兰教教义的行为展开频繁的调查，严厉惩罚穆斯林触犯教义的行为。2001年3月，伊斯兰法庭开始执行一条法令：所有的文莱穆斯林不管在国内还是国外饮酒都将被提起诉讼，购买、销售酒精饮料等其他违反宗教教义的举动也都将被起诉。犯错次数越多，惩罚越严重：第一次触犯规定被罚款500文莱元，第二次犯错罚款750文莱元，第三次或以上则每犯一次罚款1000文莱元②。

2. 教育和传播伊斯兰化

文莱非常重视伊斯兰教的教育，在每一个年龄阶段的国民都要学习伊斯兰教知识：在人口集中的地方建立学校并对儿童进行《古兰经》教授；从小学到大学，伊斯兰教都是一门必须学习的政治思想课；所有中学和大学都开设"伊斯兰君主政治思想"课程，作为必修课，每个学生都必须修读；每年选派优秀学生到中东伊斯兰国家的名牌大学专修《古兰经》；每年还举办不同年龄层次的男女分别进行《古兰经》朗读比赛。

3. 金融伊斯兰化

根据《古兰经》、《圣训》和伊斯兰法令，文莱建立了伊斯兰金融体系。禁止利息，主张"共享利润，共担风险"的伊斯兰银行最早出现在20世纪90年代。成立于1992年的文莱皇家信托基金（TAIB）是文莱第一家伊斯兰银行，主要为麦加朝圣者提供融资便利。2006年伊斯兰发展银行（IDBB）与文莱伊斯兰银行（IBBD）合并，成立了文莱达鲁萨兰伊斯兰银行（BIBD）。伊斯兰金融提供符合伊斯兰教义的金融服务，提高了人们的社会经济福利水平。因此，深受广大穆斯林的认可和响应。而伊斯兰银行在2008年金融危机中抗金融风险的突出表现，也获得了非穆斯林的欢迎和支持。因此，早在2008年，文莱的伊斯兰银行金融业务就超过传统银行。

4. 法律伊斯兰化

在文莱，伊斯兰不仅是一种宗教信仰、一种生活方式，同时也是社会规范和

---

① 黄云静. 文莱立国哲学（MIB）[J]. 东南亚研究，1995（6）：18-21.
② 黄云静. 伊斯兰教与当代文莱政治发展[J]. 当代亚太，2007（4）：25-31.

法律规范。为了指导和监督穆斯林遵守教规，早在1955年，文莱就规定全国性的穆斯林法律原则，并设立宗教法庭和宗教警察来审理穆斯林案件和监督教徒遵守伊斯兰法规。

自2011年开始，文莱准备分阶段实现伊斯兰法：第一阶段包含因不雅行为或没有参加周五的祈祷而被罚款；第二阶段包含惩罚偷窃和其他罪行的体罚；第三阶段是给予如通奸的罪行判以极刑。

文莱政府自2014年5月1日起，分阶段推行《伊斯兰刑法》，第一阶段为期半年，第二阶段为期1年，第三阶段在2015年底全面实行伊斯兰刑法，包括涉及处死的刑罚。

《伊斯兰刑法》与以往伊斯兰律法不同，伊斯兰律法只处理涉及穆斯林的家庭婚姻、遗产分配、喝酒犯法、斋戒月未禁食等轻微刑法，但现在推行的《伊斯兰刑法》涵盖面却更广，处罚更严，刑罚从高额罚款、判刑乃至肉刑及死刑。

5. 意识形态伊斯兰化

"伊斯兰君主政治思想"是文莱的主流意识形态，其基本要旨是忠君爱教，把忠君思想与伊斯兰教精神结合在一起，把苏丹奉为伊斯兰教的捍卫者。

文莱官方事实上把"伊斯兰君主政治思想"当成检验文莱人民是否忠君效国的主要标准。苏丹作为伊斯兰教的捍卫者，苏丹在宗教上的权威和其真主使者的身份毋庸置疑。而伊斯兰教节日是文莱的重要庆典，这种全民的纪念庆祝活动有助于增进凝聚力和团结。

6. 社会建设伊斯兰化

为普及伊斯兰教教义，全国各地设有清真寺，清真寺是文莱最豪华、最讲究的建筑。文莱在修建清真寺方面不惜花费巨资。文莱第六个五年计划（1991～1996年）拨款5600万文莱元用于修筑清真寺。

文莱的穆斯林和非穆斯林的政治地位和福利待遇有天壤之别。按政府的目标，每年要转化2000人成为穆斯林，并承诺给每人发放2000文莱元（约合1450美元）和其他福利（如房屋、设施和体面的工作）为奖励。根据伊斯兰宣教中心的统计，2013年有538人从其他宗教或部落背景皈依到伊斯兰教；2014年1～11月则有540人。

文莱社会伊斯兰化的方向和程度始终牢牢掌握在政府手中。怀疑现状、批评苏丹的"马来伊斯兰君主制"的任何宗教宣传都是被禁止的。苏丹和政府官员多次告诫人民，必须对伊斯兰教极端分子的宣传保持警惕。1991年，政府以"异端分子"和"危及国家安全"的罪名取缔了伊斯兰教极端组织"澳尔根"（其总部设在马来西亚，并于1994年被马来西亚政府取缔）。

在政府的引导和约束下，比起同样是穆斯林众多的印度尼西亚和马来西亚，文莱社会的伊斯兰教氛围要浓厚得多。女性人人都包头巾，穿传统的马来服装，穿短裙的女性不受欢迎，被禁止进皇宫，外国出版的凡有穿超短裙女郎的照片、电影院里有色情镜头的电影都将被查禁，城市几乎没有夜生活和娱乐场所。

第二节 文莱2015~2016年政治局势

2015~2016年，文莱继续保持多年来的发展格局，政治社会保持稳定。2015年，由于受国际油价持续下跌的影响，文莱经济出现了向下滑行的趋势，财政赤字增加，经济多元化任重道远。为了加速经济多元化进展，文莱加强了政府的经济管理职能。社会稳定平和，伊斯兰化仍在继续中。

一、改组政府内阁，强化管理职能

传统能源产业是文莱国民经济的主要支柱，文莱被称为"浮在油气上的国家"。文莱国民经济对油气有绝对的依赖。经过多年努力，文莱经济多元化初现成果，但仍处于经济多元化的初级阶段。经济结构单一的问题尚未得到实质性的解决。而如今随着国际市场上油气价格的走低，文莱的经济陷入了困境。2015财年赤字额高达22.8亿文莱元（约合16.5亿美元）。文莱2015年经济萎缩，油气价格的连续走低对文莱的经济造成严重的挑战。国际货币基金组织专家认为，近期来看，文莱经济前景黯淡，直到2018年随着原油产量恢复经济有望回升。

以往文莱的优质油气在国际市场上供不应求，来自油气出口的丰厚收入使文莱人的忧患意识不强。2014年以来，文莱遭遇独立以来的首次财政赤字，国家财政预算连年下降。

为推进经济多元化发展进程，文莱政府不断加强政府的经济管理职能。2015年，文莱政治的大事是进行内阁改组。2015年10月22日，文莱苏丹宣布对内阁成员进行大幅调整，原外交与贸易部长、宗教事务部长、工业与初级资源部长、交通部长、卫生部长与文化青年体育部长均退出内阁，苏丹哈桑纳尔·博尔基亚任首相，同时兼国防部长、财政部长和外交与贸易部长。新一届内阁任职5年。10月26日，新内阁宣誓就任，其成员如表2-1所示：

表2-1 新内阁成员

内阁成员	职务
哈桑纳尔·博尔基亚	苏丹、首相、国防部长、财政部长、外交与贸易部长
阿穆达迪·比拉王储	首相府高级部长
阿布巴卡	内政部长
苏越一	教育部长
拉赫曼	首相府部长兼财政第二部长
林玉成	首相府部长兼外交与贸易部第二部长
亚斯敏	首相府能源与工业部长
巴达鲁丁	宗教部长
巴赫林	发展部长
阿里	初级资源与旅游部长
穆斯塔帕	交通部长
哈尔比	文化青年体育部长
祖卡乃因	卫生部长
汉姆丹	首相府副部长
罗斯兰	首相府副部长
阿齐兹	国防部副部长
希山	财政部副部长
刘光明	财政部副部长
艾瑞旺	外交与贸易部副部长
巴赫伦	教育部副部长
穆迪	宗教部副部长
苏海米	发展部副部长

资料来源：中国驻文莱大使馆经济商务参赞处。

在内阁改组的同时，文莱部分经济部门重组：

（1）工业职能并入首相府能源局，组成首相府能源与工业局，掌管能源与工业发展事务；原工业与初级资源部更名为初级资源与旅游部，主管农业、渔业、林业及旅游业。

（2）新设法定机构"达露萨兰企业"（Darussalam Enterprise，DARE），负责国内工业及中小企业发展，隶属首相府能源与工业局。

（3）新设"外国直接投资及下游投资指导委员会"及其常设办事机构"投资行动与支持中心"（FDI Action and Support Center，FAST）；文莱经济发展局（Brunei Economic Development Board，BEDB）职能大幅缩减，仅保留原有的对外招商引资职能，外资项目审批及协调落实工作由外资委员会负责，项目用地及落地后的管理服务由达鲁萨兰企业负责。

2015年政府内阁改组的一个重要亮点是文莱苏丹直接担任首相，并同时兼任国防部部长、财政部部长、外交与贸易部部长，在内阁中担任4个最重要的职务，其中，外交与贸易部长这个职务由苏丹哈桑纳尔·博尔基亚首次担任。这次内阁改组所透露出来的信息是：一是苏丹进一步进行经济集权；二是对外贸易或者说全球性的招商引资是当前文莱的重要任务。文莱希望通过全球的招商引资，加快经济多元化的发展，完成"2035宏愿"。

二、关注弱势群体福祉

重视社会、族群、人际关系的和谐，关爱弱势群体是文莱马来伊斯兰的传统。文莱是一个富裕国家，由于国家的高福利政策，贫困人口不多。但国家仍积极实行扶贫计划，拟实现文莱零贫困目标。政府每月为特困者、残疾者、老年人及缺乏能力者提供福利金，为待业青年提供技能培训课程，为需要援助的穷人提供建设住房。文莱政府非常重视解决弱势群体的生活问题，认为只有民生无忧才能够保证社会稳定。文莱苏丹哈桑纳尔·博尔基亚亲力亲为，经常到全国各地视察探访弱势群体，帮助他们解决困难。虽然目前，文莱在经济发展、财政收入方面存在一定的困难，但是文莱仍投入相当大的资金用于解决弱势群体的生活。2015年1月24日，文莱苏丹在斯里巴加湾市巴拉卡斯国际会议中心给贫民颁发了1738套房屋钥匙。自1986年以来，发展部建屋局为无房穷人在全国兴建了超过 27000 间房屋。

加东夜市是文莱规模最大、价格最便宜的夜市。在没有夜生活的文莱，加东夜市非常火爆，成了文莱旅游必游的一景点。为了让夜市小贩们能在宽敞又舒适的夜市小贩中心内营业，文莱政府从 2016 年 11 月 9 日开始动工建造舒适的新夜市，同年 12 月竣工。开业以后，苏丹还亲临夜市。

三、强化对非法入境者的执法工作

文莱由于本地劳动力短缺，需要大量引进外国劳工。目前，居住在文莱的外国劳工（也称临时居民）有 8 万多人。大量的外国劳工给文莱社会和伊斯兰文化带来一定的冲击，也造成过去鲜有的社会问题。所以，文莱政府管理者认为，国内社会治安的威胁主要是来自非法入境外国人的犯罪活动。文莱政府对非法入境的外国人和非法滞留的外国人惩处是相当严厉的。相关法令规定：非法入境，处 3 个月以上 2 年以下的监禁，3 鞭以上鞭刑；非法居留，不超过 90 天，处 6 个月以下监禁，或 4000 文莱元以下罚款；超过 90 日，处 3 个月以上 2 年以下监禁，并处 3 鞭鞭刑。

2015 年，文莱加强对非法入境外国人的执法工作。据官方数据显示，2015 年，司法部共审理了 104 宗外国人违法案件，其中被判入狱的有 58 人，因触犯各种罪行而被遣送回国的外国公民有 1738 人。另外，还有 755 人也因触犯各种移民条例、关税条例及国民登记条例被判罚款。文莱司法部接收的非法居留罚款数额达 30.3 万文莱元。

2016 年，文莱进一步强化对外来移民的执法力量。文莱国民登记移民局共驱逐 1720 名外籍人士，还有 90 人因为触犯国民登记移民条例而被判刑。这 1720 名被驱逐出境外籍人士是因为触犯了刑事条例、国民登记及移民条例、无工作准证、滥用工作准证、逾期逗留以及其他原因等。

四、加强伊斯兰化建设

加强伊斯兰建设和抵制非各种伊斯兰文化庆典活动，禁止民众公开庆祝圣诞节和春节是 2015~2016 年文莱政府宗教控制的两项主要工作。

1. 强化伊斯兰化建设

2015~2016年，文莱的伊斯兰化建设是全方位的，既有基础设施建设方面的，也有经济方面的，还有庆典仪式方面的。

在经济方面，伊斯兰信托资金移交一大笔的义捐款用以帮助贫困穆斯林，也推出援助青年创业的支援计划。2016年伊斯兰信托资金移交了一笔总额共395万文莱元的义捐款项于文莱回教理事会，这笔义捐款项是来自该基金的储蓄户口自愿捐献的。这笔义捐款项将用于协助有需要援助的回教徒，也只有回教徒可以从义捐款项中得到援助。同时，伊斯兰信托资金推出支援企业计划，帮助文莱本地的中小企业，尤其是有意创业的年轻人勇敢地迈出创业的第一步。这个计划的愿景是帮助中小企业，实现"2035宏愿"。

在基础设施建设方面，苏丹资金会不时拨出资金，修建教堂和祈祷室。2016年，文莱苏丹基金会移交10万文莱元于文莱回教理事会，以支付甘榜丹琼布隆新回教堂的部分建设资金。

庆典仪式能增加神圣感。文莱非常注重伊斯兰教节日，为伊斯兰节日举行盛大的庆典仪式。2016年12月12日，文莱举行全国盛大庆祝先知穆罕默德诞辰纪念日。仅首都斯里巴加湾市就有超过1.2万人参加庆典集会暨环市一周的3.7公里游行。参加集会及游行队伍来自政府机关、非政府组织，私人机构和教育学府，制服团体、协会、地区及乡村咨询理事会以及文莱摩拉县私人领域团队的代表。

2. 严控其他宗教和文化活动

文莱一方面强化伊斯兰建设，另一方面对其他非伊斯兰化的宗教和文化保持警惕。为了避免影响文莱的伊斯兰信仰，文莱抵制非各种伊斯兰文化庆典活动，并下令禁止民众公开庆祝圣诞节和春节。

文莱对基督教的传播和发展进行限制，文莱信仰伊斯兰教的人口约占总人口的10%，教徒主要是欧洲移民和部分土著达雅克人。文莱虽然没禁止基督教的传播，但对基督教的传播和发展实行严格的限制：颁布法令禁止基督教传播，禁止学校传授与基督教有关的课程，禁止基督教徒与穆斯林通婚，对基督教组织的成立实行报告备案制。对基督教的重要庆典活动进行限制。2015年12月22日文莱苏丹宣布：禁止穆斯林过圣诞节，非穆斯林虽然可以过圣诞节，但必须申请，且只能在自己的社区举行庆祝活动。如果组织大型庆祝活动，或者通知组织穆斯林参加圣诞庆祝活动，就会将面临最高 5 年的监禁。理由是：过度和公开庆祝圣诞节的行为可能会损害穆斯林的信仰，并把穆斯林任何尊重基督教的行为视为违反了穆斯林的信仰。

华人春节庆祝亦被严控。如舞狮只准许于 19～21 日在寺庙、礼堂、华人社区等特定非公共场所进行，也不能燃放鞭炮和焰火。

第三节　文莱政治所面临的挑战与趋势

作为"和平之邦"的文莱，其社会稳定，政治体制（MIB）稳定运行离不开高福利，而高福利则是建立在经济繁荣的基础上。由于过去油气带来的滚滚财源，文莱有充足的财源用于民生和经济社会发展。文莱的富裕源于油气，国际油气价格的持续走低给文莱带来严峻的挑战。

一、财政收入锐减及转型困难

文莱自 1994 年起启动经济多元化发展战略，积极鼓励支持油气以外的经济发展，调整单一经济结构。这种努力虽有一定成效，但是不明显。近年来，跌破纪录低点的原油价格和政府反应缓慢，严重地打击了文莱的经济。据报道，全球原油价格暴跌导致文莱政府收入在过去 3 年锐减 70%，财政预算也陷入赤字。2015 年文莱国内生产总值萎缩 2%。不可否认的是，即使石油的增长能够持续至官方宣布的 20 年以上，国家财政收入的增长仍然属于不可持续的增长。近年来，经济对油气产业的依赖减弱，但产业结构一家独大未发生实质性变化。这也导致了文莱的经济发展往往受制于国际油价，随着国际油价的大幅波动而起伏。

文莱超过 60% 的经济活动同石油和天然气行业有关，这显然是把"太多鸡蛋放在同一个篮子里"[①]。面对油气资源总会枯竭的现实，早在 20 世纪 80 年代，

---

① 保罗普莱斯. 文莱必须实行经济多元化 [N]. 联合早报，2016-05-03.

文莱就敏锐地意识到需要实现经济结构多元化。1980~1984年的第四个"国家发展五年计划"开始,此后的每一个五年计划中,文莱都明确摆脱对石油及天然气的过度依赖,强调经济发展多元化是必由之路。

2008年下半年开始的欧美金融危机,促使全球经济发展放缓。金融危机不仅通过影响经济增长抑制石油需求,同时也对石油石化生产造成巨大的资金压力。文莱也不例外。虽然依靠着此前所攒下来的资本,文莱的经常项目仍保持盈余状态,但是增长依然缓慢。在第八个发展计划(2001~2005年)中,文莱实际GDP增长只有2.1%,远远低于计划的5%~6%目标,低于同期(2000~2004年)全球3.8%的经济增长,也低于同期东盟的5%的经济增长速度[①]。经济结构性带来的问题已是不争的事实。

二、各种意识形态冲击中维护社会稳定

由于文莱实行伊斯兰教君主制度,文莱苏丹是集所有权力于一身的实权君主,因此其政治制度带有很强的专制色彩。不可避免地受到国内外各种民主思想和反伊斯兰教君主制思潮的反对。因此,如何在各种意识形态冲击下,保持文莱的稳定始终是文莱政府的首要目标。

2010年底,以北非和西亚地区为主的一系列反政府运动,多名领导人下台。与此前的"颜色革命"类似,西方民主观、经济问题、政府治理问题均是冲突焦点。大量受过教育、熟谙网络且对现状不满的年轻人是这次运动中的主要角色。

文莱独立后,其与国际社会的接触日益密切,西方思想文化观念也随之慢慢地渗透至文莱国内各个领域,影响着文莱人的思想和生活方式。经济全球化的发展,现代移动通信技术和互联网社交媒体的普及,文莱人更是得以接触到了世界各国不同文化。在外来文化,尤其是欧美文化的冲击下,文莱也遇到了文化碰撞所带来的问题——即越来越多的文莱青年人将英语视为第一语言,而忽略了对本土语言的学习。就对外交流而言,日益熟练且地道的英语为文莱年轻人获得了更

---

① 文莱"2035宏愿"基本情况介绍[EB/OL]. http://bn.mofcom.gov.cn/aarticle/ztdy/200806/20080605574913.html.

多的优势。然而，英语的普及也为文莱年轻人打开了新的大门，一些年轻人在利用英语之便接受外来新鲜事物的同时，也开始出现了对传统观念的动摇，对文莱君主制政体提出了质疑，甚至对伊斯兰教的宗教信仰都进行了抨击。

因此，如何利用伊斯兰教为君主制提供合法性依据，进而确保在和平稳定的政治环境中进行经济改革，系"2035宏愿"得以顺利实现的基础。

三、高社会福利引起的社会问题

文莱政府为公民所提供的高福利令世界羡慕，但是这种高福利政策的实施导致了社会异化的问题。这些社会异化问题包含近来备受关注的青少年酗酒和吸毒问题、失业率和离婚率居高不下、社会对公共事务的冷漠与暴力问题等，而且随着日渐扩张的财政赤字，社会福利政策正受到挑战。同时，也因为优厚的社会福利措施，也造成人民的积极性低，工作意愿不高，即使赋闲在家，也有社会福利照顾，更不愿意接受职业训练或是技术提升的教育，更是使得原本积极性不高的马来人依赖政府福利措施的程度提高，加上政府对马来人经济补助、优惠或贷款，过度的保护相对地降低了马来人的企业创业精神。而这些马来人大部分又在公共部门就业，竞争性原本不高，风险也低，职业稳定性又高，自然危机意识低，受到市场经济运作影响低，反正有苏丹政府安排一切。相反地，非马来人（尤其是华人）由于不受苏丹政府同等待遇，在公共部门就业人数有限，便转向私营部门积极发展，从事批发业、贸易、房地产、餐饮业、运输业、制造业等，较具市场经济导向，而且承担风险自负盈亏，竞争性高，充满企业创业精神，比较不受政府社会福利影响。这种现象也造成非马来人控制经济，发展私营部门，而马来人则控制政治，寄居于公共部门。在经济领域里，也出现族群二元化的社会现象。

四、政局稳定仍是基础

文莱作为君主制国家，苏丹王室在文莱统治历史悠久，统治根基深厚。文莱苏丹拥有至高无上的权力，集国家元首、宗教领袖、军事首领于一身，牢牢掌控着国家政权。现任苏丹哈桑纳尔勤政爱民、乐善好施、极具个人魅力，为文莱子民谋福利，其治下文莱风调雨顺、国泰民安，因而深受文莱民众的拥护和爱戴。

文莱缺乏民主政治土壤，政党政治短期内难以实现。文莱苏丹曾强调文莱不适合政党政治制度。文莱一直严格限制其他政党活动或成立，具有反动言论或危害文莱苏丹统治的政党都将被取缔。目前仅存的文莱国家团结党较为温和，坚决拥护文莱先行政体，并与苏丹政治立场保持一致，且不参与议会选举。当然，文莱王室政权也存在不稳定性的风险。文莱现任苏丹曾在其22岁时接过父皇的权杖，成为文莱第29世苏丹。在他励精图治、统治文莱的近半个世纪里，文莱社会繁荣有序、居民安居乐业。而今，年近70的苏丹治国理政面临着权杖交接，王位继承的问题。目前苏丹没有禅让王位，一方面是基于其自身精力旺盛，另一方面还因为在纷繁复杂的国内外政治社会环境下，对其长子王储比拉治国理政能力的持续培养。且未来苏丹王位能否顺利交接给王储比拉，以及即使王储正式成为文莱第30世苏丹后，能否像其父一样维护文莱繁荣安定，而深受文莱民众的拥护和爱戴都存在不确定性。这些都将成为文莱王室政权不稳定的可能诱发因素。

马来伊斯兰君主制是文莱的基本政治制度，苏丹将伊斯兰核心价值与忠君思想相结合，把伊斯兰教义作为政府制定社会政策的主要依据。伊斯兰价值观已深刻融入文莱社会民众生活。伊斯兰刑法分阶段实行后，文莱穆斯林若涉及偷窃、通奸、饮酒和堕胎等行为，将会受到石刑、砍手、鞭刑等极端惩罚。同时非穆斯林也同样适用相关刑事法。把伊斯兰刑法融入现有刑事司法系统，巩固和强化伊斯兰教在文莱的统治地位、阻吓犯罪、抵御外部世界的不良影响，进一步加剧了文莱的政教混同。伊斯兰刑法对关于伊斯兰教的神圣性、宗教管理、不文明行为及其他犯罪等规定，违者将遭受重罚。这对非穆斯林群体深感恐慌，担心自身行为不当因刑法的严格执行而遭遇不测，也担心伊斯兰教强大的渗透力而使自身宗教信仰自由受限或宗教信仰遭到伊斯兰教教义同化。其中部分群体对本国政教合一的伊斯兰君主专制制度不满，他们有些人时常顶风作案、铤而走险，违反伊斯兰教条例，此举也使文莱国内政治宗教形势日趋复杂。作为以伊斯兰教为国教的国度，文莱法律和行为规范都会深受影响，伊斯兰刑法的推行加剧了政教混同，非穆斯林社会上空笼罩着恐慌的气氛，加剧社会压抑。然而，社会恐慌恰是社会动荡的开始，这也为文莱政局稳定增添了不确定性。

第三章 文莱经济

2015~2016年,受国际经济低迷和国际大宗商品价格下跌的影响,文莱国内经济呈现下滑的趋势。尽管文莱政府在持续不断地进行多元化经济改革,但由于其单一经济结构未得到实质性的改变,在工业产值和进出口额减少的情况下,服务业比重的微弱上升对于经济局势改变不能起决定性的作用,政府财政入不敷出。此外,文莱国内人力资源的相对匮乏也对其经济发展产生了不利的影响。要改变经济复苏缓慢的困境,文莱政府还应进一步深化多元化发展目标,改善中小企业和外商投资企业的营商环境,激活经济主体,吸引国内外优秀人才,加强国际经济合作,实现经济的可持续性发展。

第一节 2015~2016年文莱经济发展的外部环境

素有"东方石油小王国"之称的文莱,在经济全球化和科技信息高度发展的形势下,也必然受国际经济政治的影响和冲击。对国际环境的考量是分析文莱经济发展状况的必要前提。当前国际经济的基本特点主要体现在以下几方面:

一、国际经济复苏仍然乏力

2015年的全年全球经济增长速度是复苏时期最缓慢的一年,全球活动放缓,经济增长率仅为3.1%,低于普遍预期。在2016年4月6日国际货币基金组织发布的《世界经济展望——经济在太长时间里增长太慢》报告预测,2016年和2017年的全球GDP增长率分别为3.2%和3.5%,如表3-1所示。

表3-1 全球产出①和贸易量概况(年度百分比变化)

		2015年	2016年预测②	2017年预测②
全球		3.1	3.2	3.5
发达经济体		1.9	1.9	2.0
新兴市场和发展中经济体		4.0	4.1	4.6
按地区分组				
亚洲新兴和发展中经济体		6.6	6.4	6.3
欧洲新兴和发展中经济体		3.5	3.5	3.3
拉丁美洲和加勒比		-0.1	-0.5	1.5
中东、北非、阿富汗和巴基斯坦		2.5	3.1	3.5
货物和服务贸易				
世界贸易量		2.8	3.1	3.8
出口				
	发达经济体	3.4	2.5	3.5
	新兴市场和发展中经济体	1.7	3.8	3.9
进口				
	发达经济体	4.3	3.4	4.1
	新兴市场和发展中经济体	0.5	3.0	3.7
货物贸易				
世界贸易量		2.4	2.8	3.6
以美元计值的世界贸易价格③				
	制成品	-4.0	-2.7	0.7
	石油	-47.2	-31.6	17.9
	非燃料初级产品	-17.5	-9.4	-0.7

注:①表示实际GDP。
②表示国际货币基金组织在2016年4月发布的《世界经济展望》(World Economic Outlook 2016)中的预测值。
③表示制成品价格以发达经济体制成品的出口单位价格指数表示,占发达经济体贸易(货物出口)权重的83%;石油价格以英国布伦特、迪拜法塔赫和西得克萨斯中质原油平均价格表示;非燃料初级产品价格以用其在2002~2004年占世界商品出口总值的比重加权后的世界市场平均价格表示。
资料来源:国际货币基金组织(International Monetary Fund, IMF)。

具体而言：世界经济遭遇显著下滑，在很大程度上是由于发达经济体的经济活动减弱。美国国内需求减弱、非住宅投资下降，欧元区由于金融危机遗留问题以及全要素生产率增长放缓，2015年的增长依然缓慢。日本私人消费急剧下降，出口额受到外部需求疲软和日元贬值的影响而受挫。中国经济面临调整结构、稳定增长、化解金融风险的挑战。东盟十国在亚洲新兴和发展中经济体整体经济活动强劲的环境下，各国表现不一。总体上说，在出口减少和国内需求减速的情况下，经济活动稍比预期疲弱。能源产品同样是受石油价格波动的影响，其增速尽管下降趋势减缓，但仍然为负增长。由于石油价格下跌、其他大宗商品下降，中东地区的国家经济活动增长势头继续减弱。另外，受到其他发达经济体增长减速的影响以及地缘政治和国内冲突的影响，这些地区的GDP下降幅度超过预期。国际经济总体疲软的状况对文莱经济的影响加大。

二、国际原油市场疲软

作为以石油和天然气生产和出口为经济支柱的国家，文莱更关注原油市场。全球大宗商品价格自2014年第二季度开始一直下降。2015年1月至2016年2月，能源价格进一步下跌了35%，如图3-1所示。其中，石油价格在经历了数次波动之后，从2015年1月的52.72美元下跌到2016年2月的31.65美元，如图3-2所示。

石油价格下跌的原因主要是美元上涨、石油输出国组织（Organization of Petroleum Exporting Countries，OPEC）的供应过剩，以及金融市场中的避险行为。

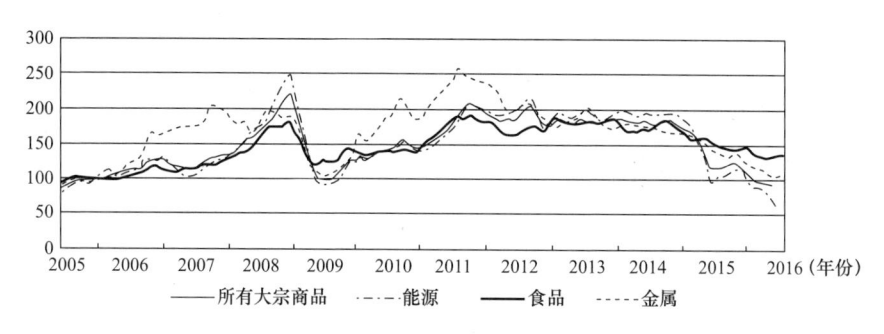

图3-1　大宗商品价格指数变化（2005~2016年）

资料来源：国际货币基金组织。

图 3-2 石油价格与美元变化（2007~2016年）

资料来源：国际货币基金组织。

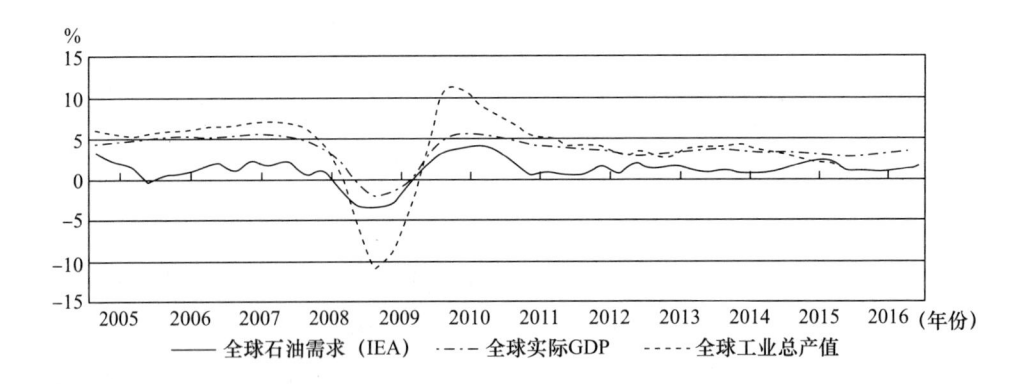

图 3-3 全球经济活动和石油需求变化（2005~2016年）

资料来源：国际货币基金组织。

国际能源署估计世界石油需求的增长速度在 2016 年将大大低于每天 120 万桶。但石油供应仍在增长，成为油价下跌的主要压力。

三、国际经济合作兴盛

为了减轻各种风险，解决各种挑战，各国积极参与国际合作，国际经济协调与合作之风日益强劲。文莱经济体量小，对国际合作最为关切。

旨在推动工业化发达国家和新兴市场国家之间广泛展开合作的 20 国集团（G20）提供了一个共商当前国际经济问题的平台，是全球经济合作的主要论坛之一。东盟是文莱积极参与的国际合作组织。东南亚国家联盟是东南亚地区国家以经济合作为基础建立起来的政治、经济、安全一体化的区域性合作组织，已逐步具有较强的世界影响力。东盟的一体化进程取得了骄人的成绩。2015年12月31日，东盟轮值主席国马来西亚外长阿尼法发布声明宣布，东盟共同体（Asean Economic Community，AEC）正式成立，这是第二十七届东盟领导人会议的成果，是东盟历史上又一个重要的里程碑。东盟的一体化进程取得了骄人的成绩，共同体三大蓝图所预定的目标任务基本完成，共同体建设已初见成效。在东盟区域内，关税和非关税壁垒逐步取消，单一窗口制度的建立促使贸易成本大幅降低，带动了区内贸易迅速扩大；区域政治发展和安全合作也取得进展。东盟的国际地位和国际竞争力不断提升[①]。区域内经济合作的良好进展给文莱以积极影响。

第二节 2015~2016年文莱经济形势回顾

一、经济总体运行情况

1. GDP

总体来说，文莱政府经济计划与发展部的数据显示，2015年实际GDP增长率为-0.4%，较2014年的-2.3%来说，经济衰退速度有所减缓，但仍然是处于经济下行阶段。文莱的GDP由2014年的18701.1百万文莱元下降到2015年的18595.0百万文莱元。2016年第一季度的数据显示，实际GDP（2016年第一季度为4689.7百万文莱元）自2015年（2015年第一季度为4528.1百万文莱元）下降后有所回升，但没有回升到2014年同期水平（2014年第一季度为4776.5百万文莱元）。如图3-4所示，2015年第一季度的降幅达到5.2%，随后四个季度GDP与同期相比都有所上升，同期GDP增长率分别为1.3%（2015年第二季度）、2.4%（2015年第三季度）、0.1%（2015年第四季度）和3.6%（2016年

---

① 王勤. 东盟经济共同体建设的进程与成效 [J]. 南洋问题研究, 2015 (4): 1-10.

第一季度）。增长的势头在2016年第二季度结束，GDP增长率连续两个季度出现负值，分别是-5.7%（2016年第二季度）和-3.8%（2016年第三季度）。由于文莱的经济结构主要依赖于油气行业，GDP的变化与国际油价变化有显著的相关关系，在油价大幅动荡的国际环境中，其GDP走势与其他东盟国家的差异显著，变化幅度较大，且总体呈现下滑的趋势。国际货币基金组织对文莱2016年的GDP增长预测为-2.0%。尽管文莱政府在经济结构多元化方面推行各种政策并做出积极的努力，但估计经济形势仍然不容乐观。

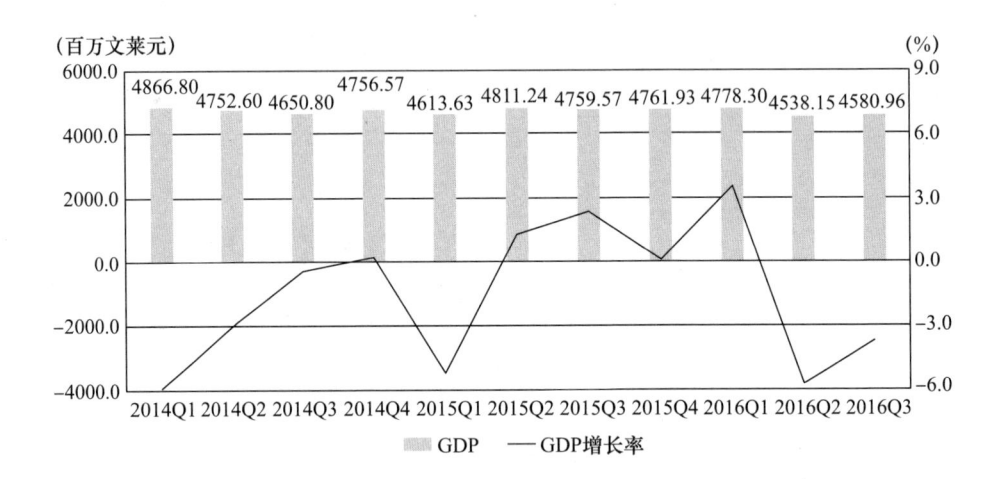

图3-4 文莱GDP实际值和增长率（按2010年价格计算）
（2014年第一季度至2016年第一季度）

资料来源：文莱经济计划与发展部（Economic Planning and Development, Prime Minister's Office Brunei Darussalam）。

具体来看，各个行业的发展呈现不同的趋势。农林渔业在2015年四个季度都呈现上升的趋势，GDP增长率分别为12%、1.4%、9.8%和2.5%，林业的增长做出了主要的贡献。而在2016年第一季度却出现大幅下降，降幅达到15.1%，主要是因为蔬菜、水果和其他农业急速下滑42.8%，以及渔业也出现21.5%的较大降幅。随后的两个季度下降趋势得到减缓，但仍然处于逆境。

工业在2015年的年度增长率持平，其中第一季度和第四季度的增长率为负值，分别为-7.0%和-0.5%；而第二季度和第三季度的回升弥补了前后两个季度的下降，分别为1.6%和6.2%。油气采矿业和其他制造业在2015年全年的负增长减少了全行业的增长，分别为-1.1%和-2.8%。液化天然气和甲醇制造业、服装和纺织业、食物和饮料业、水电业以及建筑业则分别经历了增长率为2.7%、3.0%、2.1%、2.8%和4.8%的变化。2016年第一季度的文莱工业经济活动则呈现正的增长，其增长率为6.4%，主要还是得益于油气业的增长。而随着国际油气业的变化，第二季度、第三季度的工业产值也开始下降。其中，食物和饮料业在第二季度的降幅达到了25.8%。

文莱的服务业在2015年的变化呈现波动状态：第一季度下降（-2.4%），第二季度小幅回升（0.6%），第三季度再次下滑（-3.9%），第四季度逐步回暖（1.1%），使得全年的增长率为负值（-1.2%）。2016年的前三个季度未能挽回颓势而持续下滑，增长率分别为-0.7%、-1.3%和-3.4%。尽管批发及零售业、航空运输业、通信业、金融、房产、教育和本地服务业处于上升阶段，但是大部分的交通服务、酒店和餐饮、健康、商业服务、其他私有服务和政府服务等行业的降幅超过上涨值，从而使得文莱服务业的发展不尽如人意。

2. CPI

以2010年为基准，文莱消费者价格指数（Consumer Price Index，CPI）近年来呈现先涨后降的波动变化趋势。CPI指数在2014年上升到峰值，随后逐年下降，总体呈现下降的趋势。

2016年12月的CPI指数比2015年同期下降1.6%。其中，食品和非酒精饮料CPI指数下降1.7%，非食品CPI指数下跌1.6%。2016年12月与2015年同期相比，教育行业是唯一的价格指数上涨的行业，主要是由于部分私立学校的学前教育、小学教育、中学教育和职业技术教育的费用上升。而价格指数下降幅度较大的行业包括：交通（下降3.0%）、由于民用航空价格下降；房产、水电、燃气和其他化石燃料（下降4.1%），由于租房和房屋维修原材料的价格下降；食品和非酒精饮料（下降1.7%）等。

从全年平均水平来看，继2015年降到与2010年相当的水平后，2016年的文莱CPI指数保持下降势头，较2015年减少了0.7%。一方面，CPI指数下降的行业包括：食品和非酒精饮料（0.9%），服装和鞋类（1.6%），房产、水电、燃气和其他化石燃料（4.1%），健康（1.8%），交通（1.5%），通信（0.9%），餐饮和酒店（0.9%）以及其他产品和服务（0.2%）。另一方面，CPI指数上升的行业包括：家具、家居用品和家居日常维护（0.6%），创意和文化（1.4%），以及教育（5.8%）。

3. 财政收支

长期以来，文莱经济完全依赖油气资源，90%以上财政收入源自油气产业，近两年国际油价暴跌导致文莱油气收入大幅下滑，使其面临前所未有的财政压力[①]。受国际油价持续低位徘徊影响，文莱政府收入锐减导致财政严重入不敷出，2015财年赤字额高达22.8亿文莱元（约合16.5亿美元）。

2016年3月8日，文莱首相府部长、财政部第二部长拉赫曼在文莱第12届立法会上宣布，文莱2015财年财政预算为64亿文莱元（约合46亿美元），实际财政收入41.2亿文莱元（约合29.8亿美元）。由于2016财年财政收入预计将锐减至17.64亿文莱元（约合12.75亿美元），较上一财年财政收入减少23.53亿文莱元，降幅57%，文莱政府财政预算因此将削减至56亿文莱元（约合40亿美元），较上一财年减少近1亿文莱元，同比降幅达12.5%，这是文莱政府连续第二年削减财政预算。2016/2017财年，文莱源于油气产业的财政收入预算仅为8.54亿文莱元，在财政收入中的占比大幅下降到48.4%。财政预算赤字38.36亿文莱元，赤字依存度高达68.5%。

4. 产业结构调整

文莱产业结构主要由三大产业组成：农林渔业、工业和服务业。其中，以2015年的GVA现值计算，以油气业为主的工业所占贡献率最高（60.2%），其次是服务业（38.7%），产值最低的是农林渔业（1.1%）。

在文莱政府多年来多元化产业结构调整的政策下，油气业在GVA（Gross Value Added，增加值总额）产值中的比例有所下降，但其对GVA的贡献率仍然超过50%，对全国经济影响较大。油气行业的GVA贡献率从2015年第一季度的58.9%下降到2016年第三季度的50.8%，如表3-2所示。具体来说，2015年第一季度和第四季度，油气行业同比增长率为负值，而非油气行业在第一季度和

---

① 马博. 文莱"2035宏愿"与"一带一路"的战略对接研究［J］. 南洋问题研究，2017（1）：62-73.

表 3-2 文莱油气业和非油气业 GVA 对比（2015~2016 年）

行业		GVA（百万文莱元）							
		2015 年					2016 年		
		年度	Q1	Q2	Q3	Q4	Q1	Q2	Q3
名义 GVA	油气业	10119.7	2797.1	2630.0	2410.5	2282.1	2140.3	2164.3	1936.6
	非油气业	7995.4	1951.0	1981.8	1988.4	2074.2	1886.2	1920.7	1879.3
	合计	18115.2	4748.1	4611.9	4398.9	4356.2	4026.5	4085.0	3815.9
贡献率（%）	油气业	55.9	58.9	57.0	54.8	52.4	53.2	53.0	50.8
	非油气业	44.1	41.1	43.0	45.2	47.6	46.8	47.0	49.2
	合计	100.0	100.0	100.0	100.0	100.0	100.0	100.0	100.0
实际 GVA	油气业	10972.9	2659.9	2831.3	2757.0	2724.7	2861.2	2589.4	2652.3
	非油气业	7973.5	1953.7	1979.9	2002.6	2037.2	1917.1	1948.7	1928.6
	合计	18946.4	4613.6	4811.2	4759.6	4761.9	4778.3	4538.1	4581.0
增长率（%）	油气业	(0.2)	(7.5)	0.8	6.6	(0.2)	7.6	(8.5)	(3.8)
	非油气业	(0.6)	(1.9)	1.8	(3.0)	0.6	(1.9)	(1.6)	(3.7)
	合计	(0.4)	(5.2)	1.3	2.4	0.1	3.6	(5.7)	(3.8)

资料来源：文莱经济计划与发展部（Economic Planning and Development, Prime Minister's Office Brunei Darussalam）。

第三季度的同比增长率为负值。第一季度全行业的高负增长导致 2015 年全年经济呈负增长。2016 年第一季度油气业增长率为 7.6%，其中，油气采矿业和液化天然气和甲醇制造业的增长率分别为 5.1% 和 15.6%。石油产量由 2015 年第一季度的 124.5 千桶/天上升到 2016 年同期的 135.2 千桶/天，同时，LGN（Liquefied Natural Gas，液化天然气）从 2015 年第一季度的 914.3 千 MMbtu/天增长到 2016 年同期的 1037.7 千 MMbtu/天。然而，受到国际油价下降和本地油气产量减少的影响，2016 年第二季度（-8.5%）油气业的 GVA 增长率出现转折，下跌趋势延续到第三季度（-3.8%）。在 2016 年第三季度，平均油价相比 2015 年同期降低了 8.8%，LGN 价格更是降低了 29.3%。

农林渔业的贡献率在 2015~2016 年第一季度基本维持在 1.1% 左右，而由于油气行业产值的变化,使得农林渔业的贡献率在2016年第二季度、第三季度有较小幅度的增加。2016年第三季度的数据显示,畜牧业和渔业分别占0.4%;林业和蔬菜、水果和其他农业所占比例相同,分别为0.2%。

服务业所占比例有所提升,自2015年第四季度后,占GVA产值的40%以上。其中,政府服务/公共管理的产值比重较高,在2015年达到11.8%。其次是金融(5.1%)、批发及零售业(5.0%)、房地产(4.1%)、教育(3.5%)、健康(1.5%)和通信(1.4%)。其他行业产值所占比例均未达到1%,如表3-3所示。

表3-3 文莱各行业GVA贡献率(按当年价格)(2015~2016年)

行业	GVA贡献率(%)							
	2015年					2016年		
	年度	Q1	Q2	Q3	Q4	Q1	Q2	Q3
农林渔业	1.1	1.1	1.1	1.1	1.0	1.1	1.3	1.2
蔬菜、水果和其他农业	0.1	0.2	0.1	0.2	0.1	0.1	0.1	0.2
畜牧业	0.3	0.3	0.3	0.4	0.4	0.4	0.4	0.4
林业	0.2	0.2	0.2	0.2	0.2	0.2	0.2	0.2
渔业	0.4	0.4	0.4	0.4	0.3	0.4	0.5	0.4
工业	60.2	62.3	61.5	60.3	56.5	56.7	57.8	56.5
油气采矿业	42.7	43.4	44.7	42.5	40.1	40.3	44.1	41.3
液化天然气和甲醇制造业	13.2	15.5	12.3	12.3	12.3	12.9	8.9	9.4
服装和纺织业	0.2	0.2	0.2	0.2	0.2	0.2	0.2	0.2
食物和饮料业	0.2	0.1	0.2	0.2	0.1	0.1	0.2	0.2
其他制造业	0.7	0.6	0.9	0.7	0.8	0.6	0.9	0.8
水电业	0.8	0.7	0.8	0.8	1.0	0.8	1.0	0.9
建筑业	2.4	1.9	2.4	3.6	1.9	1.8	2.6	3.6
服务业	38.7	36.5	37.3	38.6	42.5	42.1	40.9	42.4
批发及零售业	5.0	5.0	5.5	4.8	4.4	6.5	5.7	4.9
陆地运输	0.1	0.1	0.1	0.0	0.1	0.1	0.1	0.0
水上运输	0.9	0.4	0.7	1.3	1.3	0.3	0.8	1.4
航空运输	0.3	0.2	0.3	0.3	0.3	0.3	0.3	0.3
其他交通服务	0.6	0.7	0.7	0.5	0.5	0.6	0.8	0.5

续表

行业	GVA 贡献率（%）							
	2015 年					2016 年		
	年度	Q1	Q2	Q3	Q4	Q1	Q2	Q3
通信	1.4	1.4	1.5	1.7	1.1	1.7	1.8	2.0
金融	5.1	4.3	5.5	4.9	5.6	5.7	6.7	6.1
房地产	4.1	3.9	4.1	4.2	4.2	4.0	4.0	4.2
酒店	0.1	0.2	0.1	0.1	0.0	0.2	0.1	0.1
餐饮	0.9	0.9	0.9	1.0	0.9	1.1	1.0	1.1
健康	1.5	1.4	1.1	1.6	1.9	1.5	1.2	1.7
教育	3.5	3.8	3.0	3.2	4.1	4.1	3.8	3.8
商业服务	2.4	3.2	2.0	2.3	2.2	3.4	2.0	2.1
本地服务	0.4	0.4	0.4	0.4	0.4	0.5	0.5	0.5
其他私有服务	0.6	0.5	0.6	0.6	0.8	0.6	0.6	0.6
政府服务/公共管理	11.8	10.3	10.9	11.7	14.4	11.6	11.8	12.8
增加值总额（GVA）（按基本价格计算）	100.0	100.0	100.0	100.0	100.0	100.0	100.0	100.0

资料来源：文莱经济计划与发展部（Economic Planning and Development, Prime Minister's Office Brunei Darussalam）。

5. 经商环境

2015～2016 年，文莱在多方面创造有利于实现经济多元化的环境。根据世界银行发布的《2016 年全球营商环境报告》显示，在列入排名的 189 个国家和地区中，文莱在全球营商环境排名中从 2015 年的 105 位上升到 2016 年的 84 位，在东盟成员国中仅次于马来西亚（第 19 位）和泰国（第 49 位），并与中国排名相同。营商环境的改善主要得益于其中三个评价指标的改进："开办企业"指标排名从第 181 位上升到第 74 位，"获得信贷"指标则从第 90 位上升到第 79 位。下降幅度较大的指标是"获得电力"指标，从第 64 位下降到第 68 位。而大部分的评价指标波动不大或保持不变，"办理施工许可证"指标第 21 位（保持不变），"登记财产"指标第 148 位（保持不变），"保护少数投资者"指标第 134 位（下降 1 位），"跨境贸易"指标第 121 位（下降 1 位），"执行合同"指标第

113位（下降1位），"办理破产"指标第98位（上升1位）。可见，财产登记、保护少数投资者是短柄。而"开办企业"和"纳税"两个指标项有显著改善。由于改进企业登记的在线程序和简化登记手续，2015年在文莱开办企业平均所需时间已由2014年的104天缩减至14天。此外，文莱在2015年实行税务改革，雇员公积金和补充养老金合并缴纳，工业建筑初始资本免税额由20%提高到40%，常年免税额由4%提高至20%，减轻了公司企业的利润税实际财政负担。但在文莱办企业还是很不容易。据世界银行的资料表明：在文莱投资创业，获得施工许可证需要119天，登记财产需要298天，取得供电需要56天。

表3-4 文莱营商环境指标变化及与其他地区比较（2015~2016年）

指标	文莱 2016年	文莱 2015年	其他地区（2016年）全球最佳	东亚及太平洋地区	经合组织
开办企业（排名）	74	181	新西兰（1）	—	—
开办企业（与前沿水平的距离，百分点）	87.63	48.69	新西兰（99.96）	81.36	91.63
程序（个）	7.0	18.0	新西兰（1.00）	7.0	4.7
时间（天数）	14.0	104.0	新西兰（0.50）	25.9	8.3
成本（占人均国民收入的百分比）	1.2	10.5	斯洛文尼亚（0.00）	23.0	3.2
实缴资本下限（占人均国民收入的百分比）	0.0	0.0	105个经济体（0.00）	9.8	9.6
办理施工许可（排名）	21	21	新加坡（1）	—	—
办理施工许可（与前沿水平的距离，百分点）	79.07	79.08	新加坡（92.97）	70.29	75.49
程序（个）	14	14	5个经济体（7.00）	14.7	12.4
时间（天数）	119.0	119.0	新加坡（26.00）	134.6	152.1
成本（占人均国民收入的百分比）	0.2	0.2	卡塔尔（0.00）	1.8	1.7
建筑质量控制指标（0~15）	12.0	12.0	新西兰（15.00）	8.6	11.4
获得电力（排名）	68	64	韩国（1）	—	—

续表

指标	文莱 2016年	文莱 2015年	其他地区（2016年）全球最佳	东亚及太平洋地区	经合组织
获得电力（与前沿水平的距离，百分点）	74.91	74.92	韩国（99.88）	70.42	83.45
程序（个）	5.0	5.0	14个经济体（3.00）	4.7	4.8
时间（天数）	56.0	56.0	韩国（18.00）	74.1	77.7
成本（占人均国民收入的百分比）	41.0	38.6	日本（0.00）	818.8	65.1
供电可靠性和电费指数透明度（0~8）	4.0	4.0	18个经济体（8.00）	3.6	7.2
登记财产（排名）	148	148	新西兰（1）	—	—
登记财产（排名）（与前沿水平的距离，百分点）	48.57	48.57	新西兰（94.46）	56.61	76.73
程序（个）	7	7	4个经济体（1.00）	5.3	4.7
时间（天数）	298.0	298.0	3个经济体（1.00）	74.2	21.8
成本（占人均国民收入的百分比）	0.6	0.6	沙特阿拉伯（0.00）	4.4	4.2
土地管理系统的质量指数（0~30）	14.5	14.5	3个经济体（28.50）	13.0	22.7
获得信贷（排名）	79	90	新西兰（1）	—	—
获得信贷（与前沿水平的距离，百分点）	50.00	45.00	新西兰（100）	50.60	62.19
合法权利指数（0~12）	4.0	4.0	3个经济体（12.00）	6.2	6.0
信用信息指数（0~8）	6.0	5.0	26个经济体（8.00）	3.9	6.5
私营调查机构覆盖范围（%成年人）	61.2	56.6	葡萄牙（100.00）	14.0	11.9
公共注册处覆盖范围（%成年人）	0.0	0.0	22个经济体（100.00）	21.9	66.7
保护少数投资者（排名）	134	133	新加坡（1）	—	—
保护少数投资者（与前沿水平的距离，百分点）	43.33	43.33	新加坡（83.33）	50.47	63.90

续表

指标	文莱 2016年	文莱 2015年	其他地区（2016年）全球最佳	其他地区（2016年）东亚及太平洋地区	其他地区（2016年）经合组织
少数投资者保护力度指数（0~10）	4.3	4.3	3个经济体（8.30）	5.0	6.4
纠纷调解指数（0~10）	5.7	5.7	新加坡（9.30）	5.5	6.3
股东治理指数（0~10）	3.0	3.0	4个经济体（8.00）	4.6	6.4
纳税（排名）	16	29	阿联酋（1）	—	—
纳税（与前沿水平的距离，百分点）	89.61	84.40	阿联酋（99.44）	74.7	81.47
纳税（次）	18.0	27.0	中国香港（3.0）	25.3	11.1
时间（小时）	89.0	93.0	卢森堡（55.00）	201.4	176.6
应税总额（%毛利润）	8.7	15.8	爱尔兰（25.90）	33.5	41.2
跨境贸易（排名）	121	120	丹麦（1）	—	—
跨境贸易（与前沿水平的距离，百分点）	60.65	60.65	丹麦（100）	68.67	93.33
出口耗时：边界和规（小时计）	72	72	15个经济体（0.00）	51	15
出口所耗费用：边界和规（美元计）	340	340	18个经济体（0.00）	396	160
出口耗时：单证和规（小时计）	168	168	约旦（0.00）	75	5
出口所耗费用（美元计）	90	90	20个经济体（0.00）	167	36
进口耗时：边界和规（小时计）	48	48	19个经济体（0.00）	59	9
进口所耗费用：边界和规（美元计）	395	395	28个经济体（0.00）	421	123
进口耗时：单证和规（小时计）	144	144	21个经济体（1.00）	70	4
进口所耗费用（美元计）	50	50	30个经济体（0.00）	148	25
执行合同（排名）	113	112	新加坡（1）	—	—
执行合同（与前沿水平的距离，百分点）	54.47	54.47	新加坡（84.91）	52.72	67.86

续表

指标	文莱 2016年	文莱 2015年	其他地区（2016年）全球最佳	东亚及太平洋地区	经合组织
时间（天）	540.0	540.0	新加坡（150.00）	553.8	538.3
成本（标的额的百分比）	36.6	36.6	冰岛（9.00）	48.8	21.1
司法程序质量指数（0～18）	7.0	7.0	3个经济体（15.50）	7.6	11.0
办理破产（排名）	98	99	芬兰（1）	—	—
办理破产（与前沿水平的距离，百分点）	41.05	41.05	芬兰（93.81）	38.82	76.68
回收率（每美元美分数）	47.2	47.2	日本（92.90）	32.5	72.3
时间（年）	2.5	2.5	爱尔兰（0.40）	2.7	1.7
成本（资产价值的%）	3.5	3.5	挪威（1.00）	21.8	9.0

资料来源：世界银行——2016年全球营商环境报告，World Bank—Doing Business 2016。

文莱在2015～2016年，采取以下措施着力打造良好的营商环境：

（1）发展摩拉港作为现代化和世界级的国际港口，以满足亚太地区经济日益增长的需求。摩拉港是文莱最大的集装箱码头，文莱政府的目标是发展摩拉港口成为现代化和世界级的国际港口，并使其成为全球贸易的国际中心。因此，摩拉港的发展是文莱多元化和进一步加强其经济而发展的关键领域之一。发展摩拉港不但帮助促进文莱的经济增长，也符合中国的海上丝绸之路倡议。通过中国的投资，南海、南太平洋和印度洋的投资可以促进东南亚、大洋洲和北非的区域内的贸易。

（2）开发以文莱为中心，包括东合经济成长区的广大运输市场。2016年，文莱ADBS公司投资50万文莱元购买四部崭新的申沃客车，正式以专业的模式开拓文莱—沙拉越—坤甸的直通车服务。这项拓展大众运输范围的努力，不但增强区域里的交通便利，也扩展业务规模和多元化经济活动，更可给文莱人增加工作机会。

（3）有效地把文莱置于区域物流业的中心位置。文莱实施全天24小时网上货柜清关申请服务，关税局推动的网上申报让所有业者能在办公时间之后，通过网上填报通关申请，有效利用时间，提高工作效率，让业者在更短的时间里完成清关工作，把货柜拖到客户指定的地点，缩减货物等待运输时间，也加强商贸的周转率。而高效率的物流能吸引更多的外资到文莱直接投资，也能让商贸业者、生产业者、加工业者等准确估算彼等营运周期和营运效率。

6. 小企业

大力发展中小企业是文莱推动国民经济发展，推进经济多元化和实现"2035宏愿"的强大基石。据文莱经济计划与发展部统计，文莱国内98%的商业机构均为中小企业，并提供了92%的就业机会，占文莱GDP的66.2%。

为了更好地服务于中小企业，满足中小企业发展的需要，解决文莱政府服务中小企业职能部门分散、分工不明、缺乏协调沟通等问题，文莱政府颁布新法令，组建文莱中小企业管理机构，统筹规划和促进中小企业发展。2016年3月5日召开的文莱第十二届立法会上重点讨论了经济发展问题，建立中小企业中心扶持本地中小企业成长是该会议后重点推行的改善营商环境措施之一。

2015年4月，文莱佰度瑞银行（Baiduri Bank）在零售银行部门设立新的商业银行部门，以更好地为文莱日益增长的中小企业服务。该部门作为银行公司业务的补充，为中小企业的非借贷和小额借贷服务。此外，银行还为本地零售商提供网关系统，以便零售商可以接受他们的在线客户付款。商业银行部门还帮助中小企业办理信贷业务，并为本地中小企业进行国际投资和国际贸易提供帮助。

二、对外贸易

1. 进出口贸易状况

2015年，文莱总贸易额为13162.3百万文莱元，其中出口额为8714.8百万文莱元，进口额为4447.5百万文莱元，贸易差额为4267.3百万文莱元。从表3-5可以看出，文莱贸易总额自2013年起逐年下降，2015年的降幅达到26.83%。贸易差额逐年缩小，这是由于出口总额逐年下降导致的。

2016年的数据显示，文莱总贸易额、特别是出口贸易额仍然呈现下降趋势，进口贸易额也有较大的降幅。2016年文莱贸易总额为10424.5百万文莱元，其中出口额为6735.6百万文莱元，进口额为3688.9百万文莱元，贸易差额为3046.7百万文莱元。与2015年相比，总贸易额下降20.8%。其中，出口额减少22.7%，进口额减少17.1%，贸易差额减少28.6%。

近年文莱国际商品交易持续走低，贸易顺差不断缩小。受国际商品价格波动和外部需求下滑的影响，文莱原油及液化天然气等单一出口产品的特质正受到严峻考验，对外贸易形势严峻。

表3-5　文莱进出口贸易状况（2015~2016年）　单位：百万文莱元

时期	出口 总额	出口 国内出口	出口 再出口	进口	总贸易额	贸易差额
2013年	14309.0	13932.0	377.0	4520.6	18829.6	9788.4
Q1	4324.9	4243.1	81.8	994.9	5319.8	3330.0
Q2	3535.1	3421.1	114.0	1251.7	4786.8	2283.4
Q3	3202.2	3112.4	89.9	1172.7	4374.9	2029.5
Q4	3246.7	3155.3	91.3	1101.3	4348.0	2145.4
2014年	13431.6	12709.8	721.8	4556.1	17987.7	8875.5
Q1	3657.6	3596.2	61.3	658.9	4316.5	2998.7
Q2	3569.1	3454.6	114.4	1173.5	4742.6	2395.6
Q3	3358.8	2930.9	427.9	1403.5	4762.3	1955.3
Q4	2846.2	2728.1	118.2	1320.2	4166.4	1526.0
2015年	8714.8	8283.0	431.7	4447.5	13162.3	4267.3
Q1	2562.7	2392.9	169.8	899.3	3462.0	1663.4
Q2	2281.2	2195.4	85.8	1183.7	3464.9	1097.5
Q3	1931.3	1857.0	74.4	1357.0	3288.3	574.3
Q4	1939.5	1837.7	101.8	1007.5	2947.0	932.0
1月	955.2	898.1	57.2	295.2	1250.4	660.0
2月	795.3	765.2	30.1	263.7	1059.0	531.6
3月	812.2	729.6	82.6	340.4	1152.6	471.8
4月	841.9	817.4	24.5	349.9	1191.8	492.0
5月	698.5	668.4	30.1	407.0	1105.5	291.5
6月	740.8	709.6	31.2	426.7	1167.5	314.1
7月	647.4	618.2	29.1	613.3	1260.7	34.1
8月	585.8	562.6	23.2	299.1	884.9	286.7
9月	698.2	676.2	22.0	444.6	1142.8	253.6

续表

时期	出口 总额	出口 国内出口	出口 再出口	进口	总贸易额	贸易差额
10月	618.6	566.9	51.6	342.2	960.8	276.4
11月	649.0	628.9	20.0	341.0	990.0	308.0
12月	672.0	641.9	30.1	324.3	996.3	347.7
2016年	6735.6	6106.8	628.6	3688.9	10424.5	3046.7
Q1	1882.9	1754.1	128.7	979.1	2862.0	903.8
Q2	1521.2	1406.7	114.5	967.9	2489.1	553.3
Q3	1687.4	1409.1	278.2	843.4	2530.8	844.0
Q4	1644.1	1536.9	107.2	898.5	2542.6	745.6
1月	718.3	683.5	34.7	384.1	1102.4	334.2
2月	502.5	482.6	19.9	240.7	743.2	261.8
3月	662.1	588.0	74.1	354.3	1016.4	307.8
4月	512.3	473.9	38.4	316.4	828.7	195.9
5月	505.1	460.3	44.8	314.2	819.3	190.9
6月	503.8	472.5	31.3	337.3	841.1	166.5
7月	677.9	491.7	186.1	260.1	938.0	417.8
8月	461.1	410.5	50.5	318.0	779.1	143.1
9月	548.4	506.9	41.6	265.3	813.7	283.1
10月	545.5	516.8	28.7	299.3	844.8	246.2
11月	585.7	550.7	35.0	289.6	875.3	296.1
12月	512.9	469.4	43.5	309.6	822.5	203.3

资料来源：文莱经济计划与发展部（Economic Planning and Development, Prime Minister's Office Brunei Darussalam）。

2. 贸易结构

文莱的出口贸易结构与其国内经济结构一致，与油气行业密不可分。2015年矿物燃料的出口额为8102.9百万文莱元，占全年总出口额的93%。受国际油气价格和需求的影响，2016年，文莱矿物和燃料出口额下降到5919.1百万文莱元，与2015年相比下降了27%，占全年总出口额的87.9%。出口额排在第二位和第三位的是机械和交通工具以及化工品，分别以330.2百万文莱元和324.6百万文莱元为总出口额贡献4.9%和4.8%。

2016年文莱的出口额呈波动下降的趋势。2016年文莱总出口额比2015年减少了22.7%。2016年12月出口额为512.9百万文莱元，比11月出口额下跌了12.4%，比2015年同期减少了23.7%。下跌主要是由于原油和LNG的出口额同时减少，降幅分别达到9%和27.4%。2016年12月与11月相比，尽管国际油价上涨（从48.92美元/bbl上涨到53.92美元/bbl），但是原油出口量从137.12kbbl/天减少到103.55kbbl/天。同时，LNG的出口量从859294MMBtu/天减少到592917MMBtu/天。LNG出口价格也从7.55美元/MMBtu上涨到7.56美元/MMBtu。尽管化工品（3980%）、食品（200%）和其他制造业（82.7%）的出口额有较大幅度的上涨，但因其总体价值较小而没有对出口总额下降趋势造成较大的影响。

在文莱进口贸易中，机械和交通工具以1214.8百万文莱元占据2016年进口额的最高比重（32.9%）。随后是工业制品（20%）和食品（16.2%），进口额分别为736.4百万文莱元和599.3百万文莱元。

2016年文莱进口贸易总额也是呈现波动下行的趋势。2016年总出口额较2015年减少了17.1%。2016年12月进口额为309.6百万文莱元，比11月进口额增加了6.9%，但与2015年同期相比减少17.1%。2016年12月与11月相比，工业制品进口额度降幅最高，达到21%，其次是化工品和烟草以及饮料，降幅分别为20.8%和19.1%。而进口额增长幅度较大的分别是：矿物燃料（105.9%）、其他贸易（33.3%）和动物及植物油和脂肪（27.3%）。

三、投资

文莱的外商直接投资领域主要在石油勘探和开采、天然气液化工程及发电站建设等方面。在经济危机之后，2012~2014年3年间FDI流量均超过之前的年平均值，但这一情形在2015年有所转变。

2015年文莱的外国资本进入量仅为173百万美元，与2014年的568百万美元相比下降了69.5%。而2015年本国资本流出量较2014年上升，投资额从2014年的382百万美元上升到508百万美元，涨幅达到33%。

作为投资项目目的国，文莱在2015年仅吸引了75个绿地投资项目，而近3年来（2013~2015年）的项目数量都较经济危机之前的年平均数少。作为项目投资来源国，统计资料未显示文莱在其他国家有绿地投资项目，如表3-6所示。

表3-6 文莱绿地投资项目（Greenfield Investment Projects）情况

	2005~2007年（经济危机之前年平均）	2013年	2014年	2015年
文莱作为目的地国	219	83	134	75
文莱作为来源国	4	—	140	—

资料来源：联合国贸易和发展组织《2016世界投资报告》，United Nations Conference on Trade and Development，UNCTAD，2016 World Investment Report（WIR）。

第三节 文莱经济发展面临的挑战

通过对文莱2015~2016年经济形势的回顾，联系国际、国内经济环境，对文莱经济形势在总体上可以做如下分析：

一、文莱总体经济形势

从文莱经济总体形势看，经济衰退速度有所减缓。初步出现了经济下行但向好的方向转变的征兆。主要表现在以下两方面：一是从经济增长率的变化看，尽管总体仍处于经济下行态势，但下降速度已减缓，特别是GDP增长率2016年第一季度相比2015年第一季度有所回升，也可能是文莱经济形势转变的信号。二是从经济形势的具体情况看，文莱经济出现一些好的表现。2016年总体消费者价格指数（Consumer Price Index，CPI）为99.3%，较2010年和2015年都下降了0.7%；失业人口总数较2015年1月下降了约32%。服务业所占比例有所提升，从2015年第一季度的36.6%上升到2016年第三季度的42.4%。

但经济运行处于下行阶段的特征仍然明显。GDP增长率2016年的第二季度、第三季度都处于下行阶段；受国际油价持续低位徘徊影响，文莱政府收入锐减导致财政严重入不敷出，2015财年赤字额居高不下；贸易总额自2013年起逐年下降，2016年比2015年下降了20.8%；贸易差额逐年缩小，2016年比2015年缩小了28.6%。

总体来看，文莱经济发展要突破经济运行下行的状态，还面临着较为严峻的挑战，需要做出更大的努力。

二、文莱经济发展面临的挑战

1. 国内市场狭窄所带来的局限

一国国内市场的规模决定其国民经济的发展空间和弹性的大小。文莱的国土面积及人口规模小，市场规模必然狭小，国内市场带来的发展空间有限。文莱位于加里曼丹岛的西北部，面积为5765平方千米，在东盟十国中位居第九，仅比新加坡大。文莱全国总人口仅42万（2015年），人口密度为71人/平方千米。从20世纪60年代起，文莱开始大规模开采石油。经过多年的工业化发展，丰富的石油和天然气资源使得文莱成为世界最富有的国家之一。但是有限的人口和狭窄的国内市场，限制了国内其他行业的发展。据文莱战略和政策研究中心（The Centre for Strategic and Policy Studies，CSPS）的调查显示，45%的文莱企业认为文莱的国内市场过于狭窄，可能会限制它们的发展。在零售业、餐饮业、航空业和旅游业，都因受市场规模限制而发展缓慢。

2. 经济结构单一带来的困境

经济结构单一是困扰文莱经济发展的基本问题。文莱政府多年致力于经济结构改革，探索和实施经济多元化战略，但仍然未能改变经济结构单一的困境。石油和天然气产业仍然是国民经济的绝对支柱。2015年，油气行业的产值占GDP的55.9%，出口额占总出口额的93%。非油气行业产值尽管有所上升，但多元化经济改革的成果仍不明显，增长幅度难以弥补因国际油气价格变动而带来的对全国经济的冲击。在国际市场中，文莱出口商品大部分是油气产品，与国际油气价格更是息息相关。经济结构单一的状况不利于文莱经济社会持续稳定地发展，常常会因为国际油价波动带来发展困境。经过多年的工业化发展，农业生产力水平较低,粮食和肉类产品产量不高,自给率均处于较低水平,且主要依赖进口。目前文莱在摆脱对油气产业的依赖,推动经济多元化发展方面仍受行政体制、投资环境及人力资源结构等问题的影响,其改革之路任重道远。

3. 人力资源储备不足所带来的影响

人力资源是国民经济发展的基本要素。文莱本地劳动力总量很小,且面临结构性问题。人力资源的储备不足的情况既使经济发展缺少生产要素的支撑,又使经济发展的内在动力不足。2015年文莱劳动年龄人口约为32万人,而劳动力人口仅为21万人。文莱本土劳动力集中在服务行业,特别是政府管理部门。目前27%的文莱人在公共管理部门工作,12%的人在批发和零售行业工作,而教育部门工作人员有10%。此外,高社会保障福利政策使得文莱人尤其是一些土著马来人变得安逸、慵懒,工作态度不端正、进取心较弱;相反,在文莱,所谓的"脏活、累活、粗活"都由菲律宾、印度尼西亚、印度、尼泊尔等国的外籍劳工承担,多集中在家政行业(20.7%)、建筑行业(18.4%)和零售业(17.9%)等。外籍劳工占整个就业人口比重较大,2014年文莱企业中外籍劳工有52700人,占比25.9%。文莱本地劳动力平均工资(2090文莱元/月)与外籍劳工平均工资(1570文莱元)差异达到33.1%。

另据CSPS对120家企业的初步调查显示,超过30%的企业关注劳动法的问题,32%的企业关注本地劳动力的技能和工作态度问题,而16%的企业在融资方面面临困难。这主要是因为中小企业普遍缺乏拥有财务技能和管理技能的员工,使得他们不能够提供完整的商业计划,以及对融资产品条款缺乏足够的理解。

第四节 文莱经济形势展望

通过以上全面分析可以看到,文莱经济发展中既有好转的一面,也有堪忧的一面。展望未来,文莱经济走向有如下几方面的特点:

一、文莱的基本优势能起到托底支撑作用

文莱不但拥有丰富的石油和天然气资源，森林资源也非常丰富，还出产橡胶、椰子、胡椒等热带作物以及生产鱼虾等水产品。文莱已探明的油气储量预计还可开采30~40年时间。长期以来，文莱的经济稳定发展主要得益于石油财富给它的居民带来的福利和实惠，以石油为主的丰富资源对文莱经济社会的发展的支撑，还将在较长时间内发挥作用。

营商环境是支撑文莱经济发展的另一个优势。文莱的营商环境愈益改善并越来越靠近最佳表现和实践指数。文莱在世界银行营商环境报告中位次靠前，在东盟成员国中仅次于马来西亚和泰国。特别是"开办企业"指标得到大幅度提升，不仅会激励国内企业的设立，为本地市场增加商机，还会在很大程度上吸引外国直接投资，进而促进国际经济与贸易的发展。这对文莱经济发展是有利的。

中小企业的发展将成为文莱经济发展的新动力。文莱为大力发展中小企业，在服务管理、人才引进、土地优惠政策和税收政策等方面提供了大量的支持。在营商环境方面的改进，也为中小企业的发展带来了便利条件。特别是企业市场开发和融资方面的便利条件，使得中小企业能够向可持续性发展方向努力。中小企业的发展提供了92%的就业机会，占文莱GDP的66.2%，其地位日益重要。文莱的这些优势将会对其复苏回升起到重要的支撑作用。

第三产业成为新的经济增长点，是文莱实现经济多元化结构调整的关键，也是文莱刻不容缓的发展方向。其中，食品加工业、旅游业、金融和信息服务业等蕴藏较大的发展空间。清真食品是文莱的优势产业，近年来在产量提升和市场开拓方面都取得了较大的进展，需要继续执行严格的生产程序，保证产品质量，以奠定长期可持续发展的基础。此外，中国政府提出的"一带一路"倡议与文莱政府的"2035宏愿"蓝图目标相一致，文莱政府积极加入亚洲基础设施投资银行并成为创始国成员。在中国"一带一路"政策带动下，中国企业也将与文莱企业展开优势互补的合作，推动文莱第三产业的发展。第三产业的发展对国内中小企业的成长有着重要的支撑和带动作用。

二、文莱经济复苏的困难依然较大

国际经济在未来一段时间复苏缓慢，国际地缘政治对经济特别是对能源经济产生重大的影响，国际原油市场持续疲软。可以预见文莱在未来一段时间的经济发展状况不容乐观，GDP 增长率难以快速回升。国内经济单一经济结构的问题逐步凸显，文莱国民经济的增长受到全球能源需求的制约，不可再生的资源也不能使国民经济健康持续地发展。由于客观条件的限制，实行经济多元化战略仍然是困难和有限的。

国际油气市场的价格变动是影响文莱 GDP 变化的主要原因。由于全球油气行业竞争激烈，油价跌入近十年来的谷底，进入生产成本越来越低的恶性循环。美国、OPEC 国家、俄罗斯和加拿大等国不断地提高生产率以保持其市场份额，极大地降低了石油行业生产成本，这使得石油供应过剩在一段时间内持续下去，石油价格跌到谷底。受持续低油价的影响，约 1/3 的企业难以为继，承受着长期亏损以致破产的风险。长远来看，未来石油产能的不足为油价反弹奠定了基础。尽管石油行业仍未能摆脱困难时期，但油价逐渐呈现出在震荡中走高的趋势。可以预见，严重依赖于油气行业的文莱经济复苏步履蹒跚，在可持续性发展方面任重而道远。

此外，在投资方面，政府的多元化经济政策提出从多个行业和领域进行激励，以吸引外商直接投资和发展出口业务，但效果并不明显。2015 年文莱的外商直接投资外国资本进入量与 2014 年相比下降了 69.5%，本国资本流出量较 2014 年上升 33%，投资的输入和流出比倒挂对经济发展的影响不利。

三、文莱经济将在波动中缓慢复苏

综合文莱的优势和困难不难看出，由于经济中的丰富资源等积极因素的支撑，将使其经济发展在波动中复苏。其经济发展中面临的困难对经济带来的冲击将还会使经济复苏步伐减缓。2016 年文莱经济的弱回升使经济复苏看到希望，需要采取更有力的措施加以巩固发展。

第四章　文莱的安全政策

第一节　文莱2015~2016年安全形势述评

一、文莱国家安全策略及形势

作为东南亚地区国土面积最小的国家，文莱采取了大多数小国的军事安全战略，在国家的军事安全模式上选择了一种自助与他助相结合的军事安全模式。2015~2016年文莱继续坚持自助与他助相结合的军事安全模式，并采取与之相匹配的国家安全政策，即在积极发展自身军事力量维护自身国家安全的同时，积极与东盟内部国家、周边国家、区域外大国进行军事交流与合作，借此实现保障国家安全的战略目的。

首先，尽管构成军事力量的基础要素极为匮乏，但文莱始终坚持保有并发展自己的军事力量。文莱的军事力量建设建立于文莱的国土和人口基础之上，因此，文莱的军事力量发展是十分有限的。其次，文莱军事实力弱，必须通过他助，即借助外部力量来弥补自身军事实力的不足。这种对外部军事力量的借助是多方面的，一是与大国建立友好合作关系，得到大国安全保证的同时获取军事援助。比如文莱与美国、英国、澳大利亚等西方大国都有着密切的军事联系，英国在文莱独立之后仍然派有驻军和军事顾问。二是参与地区军事合作，成为地区安全秩序的巩固者。文莱在其国防方针中明确指出："文莱国防政策和国防能力建设要与地区安全合作相适应。"① 在具体实践上，文莱借助东盟框架内的地区安全组织，并积极在其中发挥作用。文莱一向非常重视通过国际合作保障国家安全。2016 年，文莱通过参加防展、互访、军事演习等方式加强安全方面的国际合作。

文莱注重发展与东盟组织内部国家的军事交流与合作，至今，文莱先后与英国、美国、新加坡、马来西亚等国签订了多个安全防御协定。根据这些协定，文莱不但参与了同美国、新加坡等国进行联合演习和训练的项目，派海、空军则直接或间接地参与了美泰、美菲自南海南部、马尼拉湾等地区的演习，而且参加了近年来对南海地区安全形势影响最大的"卡拉特"军事演习。通过这些联合安全合作协议，文莱将自身纳入了一个相对广阔的地区安全机制之内，有效地提高了保卫自身海域辖区、海上通道安全的能力②。

2015 年文莱继续加强与英国、美国、新加坡、马来西亚、泰国、日本、澳大利亚等国的军事合作，并保持与中国一定程度上的军事交流（见表 4 - 1）。

表 4 - 1 2015 年文莱军事国际合作一览表

时间	合作国家	事件	为期天数（天）	形式
1 月	新加坡	新加坡海军首领 Rear Admiral Lai Chung Han 对文莱进行访问	2	接待
2 月	日 本	三艘日本军舰 DD Matsuyaki、DD Yugiri 和 TV Shirayuki 抵达文莱穆阿拉港进行访问	4	接待
2 月	泰 国	正在国际海域进行训练任务的 3 艘泰国皇家海军舰艇，即近海巡逻舰北大年号（Pattani）以及两艘护卫舰甲布里号（Kraburi）和邦巴功号（Bangpakong）抵达文莱穆阿拉港口展开亲善访问	6	接待

① Brunei Darussalam Defence Department. Brunei Darussalam Defence White Paper: Defending the Nation's Sovereignty, 2004.
② 李杰，徐松涛. 超微舰队——文莱海军 [J]. 当代海军, 1994 (4): 29.

续表

时间	合作国家	事件	为期天数（天）	形式
4月	澳大利亚	文莱皇家海军与澳大利亚皇家海军展开了一项称为"企鹅"的联合演习（Ex Penguin），以加强两军之间的相互合作与了解，改善两军的战术理论、程序和行动	5	接待
4月	泰国	文莱皇家武装部队司令丕显拿督莫哈末达威少将抵达泰国进行了访问，此行旨在加强两国现有的双边联系与合作	3	出访
7月	马来西亚	文莱皇家武装部队代理指挥官会见马来西亚武装部队宗教兵代表团的访问，此次访问旨在举行伊斯兰1436年斋月Hijrah项目	1	接待
7月	马来西亚	文莱皇家武装部队和马来西亚武装部队在沙巴和沙捞越举办联合军事演习		接待
8月	泰国	文莱皇家海军部队指挥官率领一支代表团于8月2日至4日在泰国进行访问，访问期间，代表团在泰国海军总部会见泰国皇家海军部队指挥官，双方就两国国防关系进行交流	3	出访
8月	东盟	文莱皇家海军部队指挥官参加第9届东盟海军首领会议，此次会议主题为"东盟海军一体化实现2015年东盟共同体"		出访
10月	印度尼西亚	文莱皇家海军（RBN）十三人员与印度尼西亚海军（IDN）在印度尼西亚泗水进行模拟军事演习	5	演习
10月	中国	文莱参加中国—东盟国防部长非正式会议，在会议中文莱对中国在区域集团方面做的贡献表示感谢		参会
11月	美国	文莱皇家武装部队（RBAF）和美国海军进行了CARAT演习，两军通过联合军事训练等互动加强了文莱和美国之间的关系 克拉演习是以提高应对共同的安全问题而开展合作。这些措施包括海上安全任务、沟通过程和两栖作战。这次演习还可以作为来自这两个国家的军官和人员交流知识和经验的一个重要平台	5	演习

续表

时间	合作国家	事件	为期天数（天）	形式
11月	马来西亚	文莱皇家海军（RBN）和马来西亚皇家海军（RMN）目前在文莱和马来西亚的水域进行一个代号为"犀鸟演练25/15"的海上演习		演习
12月	巴基斯坦	巴基斯坦海军军舰Shamsheer号和Nasr号抵达Brunei-Muara港口进行友好访问，巴基斯坦和文莱的海军一直从事多方面的深切合作，巴基斯坦海军为文莱皇家海军人员提供了许多传统培训课程，同时也相互分享经验和专业知识	4	接待
12月	泰国	文莱皇家海军司令员上将拿督Seri Pahlawan Norazmi Pg Hj Muhammad接待泰国皇家海军的海军情报部指挥官Pakorn Wanich的礼节性拜访		接待

2016年4月4日，文莱皇家文莱海军司令彭基兰诺艾兹米出席2016年第五届多哈国际海防展，期间与卡达尔海军参谋长莫哈末纳希尔少将会面，探讨如何在未来借更多双边活动，加深两国海军的交流与合作水平。2016年4月5日，文莱副国防部长拿督阿都阿吉士率领文莱代表团出席了2016年印度防务展。2016年4月11日下午，首相、国防部长兼皇家武装部队最高统帅的文莱苏丹哈芝哈山纳波基亚在奴鲁伊曼皇宫接见了到访的美国太平洋舰队司令史各特斯威夫特海军上将。双方展望继续加强两国和两军之间的专业合作。2016年4月17日，文莱武装部队司令丕显拿督莫哈末达威少将接见来访的沙地特参谋长胡欣莫哈末，希望借更多活动加强两军的合作与交流水准，并开拓更广的合作领域，也提升各自防务能力。2016年5月1日至10日，有18国的3000名海军和特种部队参与的2016年东盟与对话伙伴国海上安全及反恐演习分阶段在文莱与新加坡举行。2016年，文莱和美国达成意愿，表示愿意加入国家合作伙伴计划（SPP），这将会推动美国国民警卫队与文莱之间的军事安全合作。

借助与东盟内部国家、周边国家、区域外大国的军事交流与合作，文莱国家安全状况在2015~2016年继续保持稳定，与美国、英国、新加坡等国的军事合作也进一步加强。

二、南海问题与文莱国家安全诉求

1. 文莱在东盟国家中的立场与地位

"小国安全在无政府状态的国际政治当中，永远是一个悲观的话题。因为强者掌握自己的命运，弱者的命运却不在自己的手中"[1]。

文莱在国际环境中的话语权较弱，又受到来自大国的安全压力。因此，文莱参与国际、地区甚至东盟内部互动的过程中，其主动权是比较有限的，其国家影响力也相对较低[2]。文莱继续将东盟视为维持东南亚安全与繁荣的可靠支柱，因此，东盟依然是文莱对外政策的基础与柱石，文莱的对外政策基本上没有脱离东盟对外政策的大框架。文莱还将以东盟成员国的身份活跃在国际舞台上，为加强东盟各国的合作关系而努力[3]。文莱在国际活动中必定会积极响应与支持东盟的主张，坚定地维护东盟国家的整体利益，支持有关东盟国家有助于国际与区域和平与发展的政策与主张，坚定自身维护地区和平与发展的立场。由于受到自身综合国力的影响，文莱在东盟活动中的主动权和综合影响能力在短时间内较难提升。

2. 文莱的国家安全诉求

文莱国家总人口数不足 40 万，军队总数量 7000 人左右，基本以陆军为主[4]，按照上述划分标准，文莱可被视为小国中的小国，然而这个世界上，小国虽小，却数量众多，大国虽大，却数量极少。因此，小国的地位与作用在国际关系发展过程中有着特殊而又微妙的作用。世界上主权国家按照人口规模 1000 万以下的标准划分，从 2011 年发布的数据来看，联合国 193 个成员国，有 113 个国家属于小国范围，占世界总国家总数的 58.5%[5]。因此小国在跨国合作体系中，往往是体系的"服从者"而不是"构建者"，是安全的"消费者"而不是"供应

---

[1] 姚懿. 小国对外战略选择性研究——以东南亚国家为例 [J]. 外交学院，2012 (6)：14.
[2] 饶亮亮，黄涛. 浅议文莱战略文化 [J]. 东南亚之窗，2014 (2).
[3] 康霖. 文莱南海政策评析 [J]. 新东方，2014 (4)：32 - 36.
[4] 刘新生，潘正秀. 文莱 [M]. 北京：社会科学文献出版社，2005.
[5] 资料来源：世界银行官方网站：http://data.worldbank.org.

者",是经济的"依赖者"而不是"自主者"①。文莱清楚地意识到了这一点,因此,它奉行"独立自主,不结盟的外交政策",并坚持"国家不分大小,都应该一律平等;无论强弱,都应该相互尊重"的外交基本出发点。

文莱对于国家的军事以及国家安全的诉求主要为政治的稳定以及地区的和平发展。从国家利益的角度来说,文莱对国家安全的诉求主要包括:维护主权独立和领土完整;维护国家的政治、文化和宗教认同;帮助推进地区和全球的和平、安全;稳定和繁荣;推进国家的繁荣、经济发展和提高社会福利②,并为此做出过努力:①独立之初,加入东盟,积极参与东盟事务。文莱自身的弱小使其意识到必须依靠区域的联盟来弥补自身安全感的缺失。②加入联合国。联合国是全球多边主义最重要、最广泛、最具合法性的国际机制,小国都非常重视联合国③。加入联合国有利于促进本地区的和平与稳定。③重点发展和东盟各国之间的关系。文莱目前与东盟诸国都有密切的政治、经济往来,并为积极构建文莱周边稳定和平的发展环境而努力,对于和马来西亚的领土争端,两国历史性地达成了和解,表明通过和平与协商的方式解决,目前两国关系的总体趋势向前发展。④积极发展同各大国之间的关系,如英国、美国、德国、法国,各个大国之间以英国为重点。文莱与英国关系最为密切,政治上互通往来,军事上经常得到英国的援助,对于文莱军事人才的培养和国家军队的建设起到了关键作用。

3. 文莱国家安全政策在南海局势中的功能与作用

文莱也是中国南海的争端国家,虽然文莱以1982年《联合国海洋法公约》规定的200海里专属经济区为由,提出自己的主权要求,并在该海域进行油气资源开采④。但对中国南海岛礁没有实际占领,未派驻军。因此,相较于越南、菲律宾等国家,文莱在中国南海问题上对中国的态度最为缓和。由于文莱在外交上致力于维护地区和平与稳定,因此,出于自身安全的需要,文莱在南海争端中也一如既往地秉持这种态度,主张通过对话谈判来解决争端。在南海问题日益升温的敏感时期,文莱认为,作为一个弱小的国家,保持和平与稳定的南海周边环境

---

① 韦民. 小国与国际关系 [M]. 北京:北京大学出版社,2014.
② 邵建平,杨祥章. 文莱概论 [M]. 广州:世界图书出版广东有限公司,2012:226.
③ 韦民. 小国与国际关系 [M]. 北京:北京大学出版社,2014:241.
④ 李庆功,周忠菲,苏浩,宋德星. 中国南海安全的战略思考 [J]. 科学决策,2014 (11):1-51.

有利于文莱的国家安全和利益。因此,文莱在大多数时刻都扮演了一个积极的合作者姿态,努力推动争端各方通过磋商解决相互间的矛盾。

因此,基于文莱国家的特殊性,其国家安全政策在2015~2016年继续坚持以往的策略,即坚持自助与他助相结合的军事安全模式。同时,文莱也积极地与东盟内部国家、周边国家、区域外大国展开军事交流与合作,主动参与地区性的军事合作,努力提高在东盟组织中的话语权。在南海问题上,文莱在2015年虽然参加了近年来对南海地区安全形势影响最大的"卡拉特"军事演习,但文莱依旧积极地在各方之间斡旋以争取地区的和平与稳定。

第二节 文莱军事安全政策面临的挑战

一、政策制定深受东盟各国影响

文莱因其独特地理位置,拥有巨额财富以及丰富的石油、天然气等自然资源,必然会受到周边国家更多关注,东盟国家作为与文莱地缘较近的国家,对于文莱军事安全政策的构建以及变化能够产生直接影响。这种影响正如文莱2004年发布的《国防政策白皮书》所阐述的那样:"文莱的国防能力通过与欧洲、北美、澳大利亚和新西兰、北亚和东南亚的技术合作和培训合作得以加强。"[①] 东盟各国与文莱的关系可以分为有军事合作和无军事合作两类(见表4-2)。

表4-2 文莱与东盟国家军事合作一览表

序号	代表国家	有无军事合作
1	新加坡、马来西亚、印度尼西亚	有
2	菲律宾、泰国、越南、老挝、柬埔寨、缅甸	无

---

① Brunei Darussalam Defense White Paper, http://www.mindef.gov.bn/mindefweb/home/e_defense-whitepaper.pdf, 2004.

东盟十国关系错综复杂，利益纠纷盘根错节。文莱与马来西亚共同签订了《防务委员会协议》，并有每年例行的海军联合演习。此外，文莱与新加坡继续保持良好的军事合作，文莱每年受训的官兵接近一半都被派驻在新加坡，新加坡为他们训练军事人才，同时文莱为新加坡提供文莱地区的驻军场地，并和新加坡每年进行海军联合演习。总的来说，东盟各国都没有把文莱看作威胁的一部分，更多地把文莱看作是缓解东南亚局势紧张的调和剂。

二、文莱国家安全政策受英美牵制

文莱从建国初到现在，国家安全政策的构建以及变化主要经过了以下几个阶段：①完全依赖英国。自1984年，英国完全放弃文莱的国防和外交事务后，文莱正式宣告独立。建国一星期内，就加入东盟，可见其对东盟的重视程度，但此时东盟对文莱的军事安全政策影响甚微。独立初的文莱，自己的武装力量极其脆弱，非常需要英国军队的驻守来威慑国内国外的反动势力，因此这一时期的军事安全主要由英国负责。②自力更生阶段。为维护自己的海上权益以及国内的治安和稳定，文莱决定发展自己的武装力量，并与英国达成了军事合作计划，文莱每年向英国输送军事人才，并采购英式装备武装队伍，英国对文莱提供军队教育以及军队训练的服务。由于文莱国小、人少，因此，只能通过提高武器装备来弥补自己武装力量的不足。在与英国合作的同时，文莱通过向东盟国家（尤其是文莱周边的国家）进口武器装备，派送军事人才到各个国家交流或进修等方式，以求获得东盟国家的理解与支持。东盟国家对于文莱军事安全力量的构建举措表示欢迎，并积极和文莱进行军事合作与举行军事演习。③以东盟为中心，与多国进行军事合作与演习。文莱加入东盟的本质意愿是因为自身国土面积狭小，在军事上缺少战略防御纵深，难以抗击各种打击，所以文莱把东盟视为缓解自身不安全感的"避风港"[①]。这也决定了文莱的军事安全核心地区便是东盟各国，积极发展和东盟各国的军事和外交关系，成为文莱的头等大事。为构建自己的军事安全区域，文莱与马来西亚签订《防务委员会协议》；为新加坡提供军事基地，并每年进行联合的军事演习；与印度尼西亚签订《双边防务合作协定》等，除此之外，

---

① 邵建平，杨祥章. 文莱概论［M］. 广州：世界图书出版广东有限公司，2012.

文莱还比较重视发展与大国之间的关系,与法国签订《防务与军事装备协议》;每年为英国留驻在文莱油田附近的英国士兵支付300万英镑;定期与英国和美国进行联合军演。

三、文莱军事安全构建较复杂

文莱地处东南亚,濒临中国南海,也存在一定的海上主权争议。因此,文莱在军事安全的未来发展策略必须处理好与中国和东盟各国的关系。从国家安全的角度看,文莱的脆弱性较为突出,主要表现为:①小国军事实力根本不能与大国相提并论;②小国的军事资源远比大国匮乏;③小国远比大国脆弱难守;④小国的战争后果远比大国严重[1]。文莱作为小国中的小国,国家安全更加脆弱,对外必然具有强烈的依赖性,更需依靠强权国家的军事力量,以及由此形成的地区权力平衡体系来寻找安全感。在大国主导的国家安全中,小国的最佳战略不是"胜利征服的规划"而是"威慑"。文莱应当构建以"威慑"为核心的国家军事安全力量,其有四种发展模式可供选择:①挪威模式;②新加坡模式;③以色列模式;④瑞士模式(见表4-3)。

表4-3 小国构架"威慑"力量的四种发展模式

模式	战略部署	构建策略
挪威模式	小国安全与国际安全协调与统一	以北约作为安全保障 在全球范围内扮演"维和角色"
新加坡模式	硬实力+软实力	发展自己的经济与军事 以东盟为战略支点,平衡东南亚各力量 积极参与国际组织寻求平衡力量
以色列模式	强国结盟+军事实力	与强国结盟 灵活外交政策 建立强大的军事实力
瑞士模式	中立立场+军事实力	永久中立政策 灵活的外交与谈判能力 特殊地形与"尚武"的思想

---

[1] 韦民. 小国与国际关系[M]. 北京:北京大学出版社,2014.

从现实的角度考虑,文莱的军事安全政策应以东盟为基础,以平衡中美在东南亚的力量为重点来制定并发展。未来的军事安全政策,文莱可以借鉴新加坡的一些做法:①积极与军事强国合作,并提供可以驻军的港口。②引进最先进的武器装备,完善自己的基础设施建设。③积极参与各种国际组织或国际体系,推动东盟的一体化进程。④新加坡以东盟为战略支点的平衡战略。这个平衡战略是复杂的"双环平衡":外环是针对外部大国的力量平衡,内环是针对东盟内部邻邦的力量平衡[①]。

因此,2015~2016年文莱的军事安全政策在矛盾与统一中继续推行。矛盾体现在文莱既主张奉行"独立自主、不结盟的外交政策",又积极与各国签订军事防务协议。统一体现在文莱始终以维护地区的稳定与和平为出发点。文莱国家安全重邦交并深受东盟各国影响,因此,文莱面临着军事安全受他国牵制和军事安全脆弱的挑战。

第三节 文莱国家安全形势展望

一、海洋油气资源开发安全依然是主要诉求

作为世界上最为富裕的国家之一,文莱的年人均GDP近30000美元,而这其中很大一部分要归功于南海油气资源开发。资料显示,文莱周边海域已探明的油气资源就可供开采至2050年之后[②]。即便文莱在独立前,就有意识实现经济结构的多元化,降低对油气资源的过度依赖,但是,实际上油气产业在文莱的经济结构中占据较高比例的状况一直没有得到彻底的改善,以油气资源为主的资源经济依然是文莱国家经济发展的核心,油气资源出口的收益也让文莱成为高福利国

---

① 韦民.论新加坡与东盟关系——一个小国的地区战略实践[J].国际政治研究,2008(3):27-40.

② 康霖.文莱南海政策评析[J].新东方,2014(4):32-36.

家。因此，由于海洋油气资源是涉及文莱国家利益的核心资源，因此文莱为了自身国家未来经济的稳定发展，进而保障国民福利待遇、实现国家社会的稳定，其军事安全的重点在2016年以及未来相当长的时间依然会集中在海洋安全领域，并将继续把海洋油气资源开发安全作为其自身国家军事安全的主要诉求。

二、跨境区域合作依然是主要发展方向

基于文莱有限的武装力量，加强与东盟内部国家、周边国家、区域外大国等的跨境区域军事安全合作构成了文莱海洋政策策略运用的重要内容[①]。文莱在2016年以及未来相当长的时间内其军事安全发展方向依然是开展跨境区域军事安全合作诉求。借助与东盟内部国家、周边国家、区域外国家的跨境区域军事安全合作，文莱的军事安全将会处于一个相对平衡的发展状态，进而保障其国家发展环境的和平与稳定，实现自身稳定发展。除与东盟的跨境区域军事安全合作外，文莱对区域外大国的跨境区域军事安全合作也给予了高度重视。特别是在2015年与新加坡、日本、泰国、马来西亚、澳大利亚等多个国家进行的军事互动来看，文莱在跨境区域军事安全合作方面依然是其军事安全的发展方向。

合作共赢战略还将成为文莱进行国际互动的主要方式。与大国需面临周边、区域、全球的国家军事安全战略部署以及各种实际的和潜在的力量博弈相比，小国的军事安全诉求更为单一，主要以国家以及所属区域的和平与稳定为主。文莱作为小国，具备小国典型的脆弱性以及严重对外依赖性，使文莱对合作的需求更为强烈，国家安全体系的构建离不开"三分靠自己，七分靠合作"的战略部署。发展自己的武装力量与和他国合作构建共同的军事安全防护体系，对文莱国家军事安全的提升与获得他国的理解与支持至关重要。国际军事合作是文莱构建国家国防力量的最重要一环。对于文莱而言，国际军事合作依重要程度可依次分为：邻国的军事合作、东盟各国的军事合作、五国联防国的军事合作以及与各个大国的军事合作（见图4-1）。在各种国际军事合作之间，文莱始终以东盟各国的军事合作为核心，辅之以其他国家的军事合作。

---

① 鞠海龙. 文莱海洋安全政策与实践 [J]. 世界经济与政治论坛, 2011 (5): 55-64.

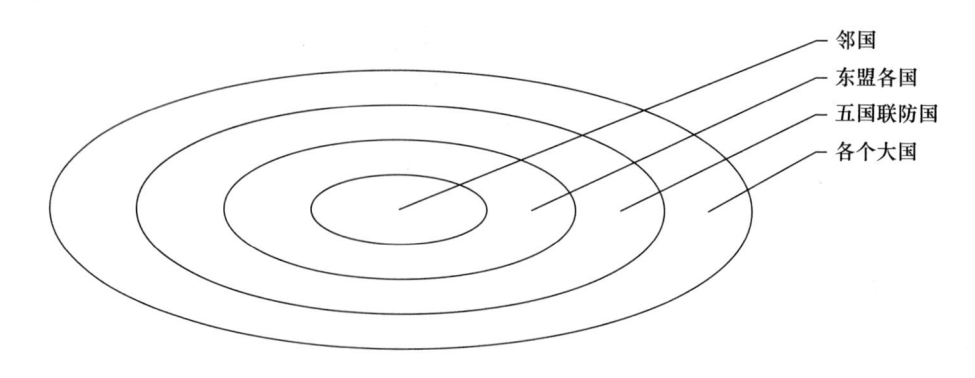

图 4-1　文莱军事安全合作梯级防卫圈

（防卫圈由内而外：各个大国、五国联防国、东盟各国、邻国）

但随着"南海仲裁"闹剧的出现，中国在南海问题的强硬态度、美国在南海的军事部署、东盟各国对南海的态度不一等，文莱应认真、冷静地分析、处理与各国间的关系，并加强和各方的军事合作，尽量避免"军事冲突"和"军事、政治陷阱"。南海地区的稳定与和平、东盟各国的和平相处对东南亚各国的发展十分有利，对于文莱的国家军事安全也极为重要。

文莱也意识到自己的优势与劣势，把更多的精力投入到东盟、联合国、亚太经合、亚欧会议等国际组织或国际体系中去，以提升自己的国家地位以及形象，为自己的生存和发展谋取更多、更广的利益。在复杂的南海局势中，文莱与各个国家之间推行合作共赢，加强与东盟各国之间的具体项目合作，对于维护区域的安全与稳定有很大的促进作用。东盟各个国家的政体和意识形态不一，但求同存异却是维护东盟各个国家以及亚太区域和平与发展的不二法则。文莱与东盟各个国家已经建立良好的合作基础，合作领域涉及政治、经济、文化、军事等各个方面。因此，加强与周边国家的交流与合作，尤其是经贸方面的协作，是文莱未来发展的主要诉求。在发展与其他国家的合作同时，文莱应当利用雄厚的经济实力，与周边国家建立牢靠的经济、技术等利益关系，不仅可以作为消费国而存在，也可以通过向其他国家投资、收购或兼并等方式，控制相当一部分实力雄厚的公司或跨国企业向产品提供国的身份转变。

总之，南海石油与天然气的开发是文莱国家经济的主要支柱，文莱现在乃至未来的军事安全诉求便是以保护石油以及天然气的安全开发为主要国家利益，具体的行动便是与周边各国进行频繁的军事交流和签订安全防御协定。南海地区的稳定与和平，东盟各国的和平相处对东南亚各国的发展十分有利，文莱也不例外。文莱在未来的发展中，应以合作共赢战略进行国际互动，通过加快建设与周边国家的具体项目合作以提升自己的国家地位以及形象。

第五章　文莱外交

1984年1月1日，文莱苏丹哈桑纳尔在独立庆典上鲜明地阐明文莱的外交政策：相互尊重领土、主权与独立；维护与促进地区和平、安全与稳定[①]。因此，文莱自独立以来一直奉行独立自主、不结盟的外交政策。由于本身是一个小国，因此文莱积极倡导国家不分大小、强弱，都应该互相尊重。

第一节　文莱的外交原则及特点

一、文莱的外交原则

自完全独立以来，文莱一直奉行独立自主的不结盟和中立的外交政策，反对侵略和战争。文莱苏丹哈桑纳尔在独立庆典发表的御辞中强调了文莱的外交政策，即相互尊重主权、领土和独立，维护并促进地区和平、安全与稳定。文莱作为马来伊斯兰君主制国家，其在开展对外交往中具有独特性。文莱作为一个小国，难有在地区或国际舞台争霸的实力，同时也不依赖任何大国，并对国际关系采取中立政策，以保持自身外交政策的独立灵活性。

文莱把自身外交政策分为国家利益、外交原则、外交政策实施的手段三个方

---

① 刘新生，潘正秀. 列国志·文莱［M］. 北京：社会科学文献出版社，2005.

面。其中，外交政策就是要捍卫文莱的国家利益，文莱的国家利益包括：维护主权独立和领土完整；维护国家的政治、文化和宗教认同；帮助推进地区和全球的和平、安全、稳定和繁荣；推进国家的繁荣、经济发展和提高社会福利。

为了追求上述利益，文莱坚持以下外交原则：所有国家应该相互尊重领土完整，相互尊重主权、独立和民族认同；国家不分大小，一律平等；国家之间不相互干涉内政；国家间应该和平解决争端；国家之间应该以合作谋取互惠互利。具体来说，文莱通过以下手段推行自己的外交政策：和一些友好国家建立外交关系；加入各种层次地区、地区和国际组织，推进和加强在各领域的双边、多边合作；为推进地区和平、安全、稳定与繁荣做贡献，尤其注重国家间的相互理解；遵守联合国宪章、东盟宪章和国际法，普遍承认有关主权、尊重人权和基本自由的原则。总的来看，在具体的实践中，文莱开展全方位外交，把与邻国包括东盟的关系作为文莱外交的基石；积极发展与世界各国和各种国际组织的关系，构建文莱立体式外交网络，为自身赢得最大的国际生存和发展空间。

二、文莱外交的特点

文莱独立后，从本国实际出发，依托各种国际组织和伊斯兰教宗教信仰，推行大国平衡战略，重视军事的国际合作，与世界各国开展多方位的合作与交流，进而保护和实现自己的各种利益和诉求。

作为小国，在国际关系体系中话语权小，很难保证自己经济、政治利益的安全。文莱国小、地狭、富有，地处政治环境复杂的东南亚地区，很容易受到其他国家的觊觎。对此，文莱政府有很清醒的认识：只有加入那些承认和支持弱小民族国家独立和权利政策的国际组织，寻找强有力的伙伴，才能获得小国的生存空间和安全。文莱的安身立命之处在于：加入具有影响力的国际和地区性组织，利用集体组织的力量在国际交往中求得立身之处[①]。因此，文莱积极参加各种国际和地区性组织，利用本国的经济优势来提升本国的影响力。

获得独立一周后即1984年1月7日，文莱就加入东南亚联盟，同年9月加入联合国，它同时也是伊斯兰合作组织、亚太经合组织、英联邦的成员国。

---

① Graham Saunders. A History of Brunei [M]. Oxford: Oxford University Press, 1994.

1. 依托联合国拓展全球性外交

文莱非常重视联合国的作用和影响,将联合国视为维护世界和平稳定的力量,在独立后1个月(1984年2月24日)便加入了联合国并成为第159个成员国。文莱苏丹博尔基亚强调:小国更需要联合国为维护和平与安全而行使道义上的劝导性权威。为了庆祝文莱加入联合国,文莱为联合国儿童基金会捐款100万美元。

文莱认为,联合国的舞台既能帮助文莱保护自身的政治、经济,也能增加与世界各国的交流与合作的机会和可能。为此,文莱不仅积极参加联合国的各种专门组织,如世界卫生组织、联合国儿童基金会、联合国教科文组织、联合国环境计划署、联合国发展计划署等,还积极参与联合国的各项活动。如加入联合国不久,就捐款200万文莱元用于柬埔寨的战后恢复和波黑的穆斯林援救。正是文莱在联合国的积极活动和广施援手,使文莱在国际舞台广交朋友,截至2015年底,文莱已经与163个国家建立了正式的外交关系,达到朋友遍天下。

2. 依托东盟拓展区域性外交

东盟是亚洲最有成就的区域合作组织[①],东盟通过开展区域合作,把分裂、战乱、动荡与落后的东南亚变成了稳定、和平、合作与发展的东南亚,成为世界上最具发展潜力的地区之一。文莱把发展与东盟的关系作为优先考虑。独立的一个星期后文莱即被批准加入东盟,成为东盟第6个成员国,是东盟成立后首次接纳的新成员。

加入东盟后,文莱努力发展同东盟各国的关系。之后又同越南、老挝、柬埔寨、缅甸等国建立外交关系。并在1997年东南亚金融危机中,慷慨解囊,分别向印度尼西亚、马来西亚和泰国提供12亿美元、10亿美元和5亿美元的贷款援助。文莱以雄厚的经济实力、乐于救人的品格在东盟中发挥作用,受到尊重。

在加入东盟后,文莱很快熟悉东盟机制并力图在东盟中发挥作用。在担任东盟轮值国主席期间,文莱经常主持召开东盟有关能源、环境、森林与粮食等专题性问题的部长与高官会议。积极支持建立东盟自由贸易区,希望通过参与地区经

---

① 张蕴岭. 如何认识和理解东盟——包容性原则与东盟成功的经验[J]. 当代亚太,2015(1):4-20.

济活动，积累经验，增强其对国际经济活动的参与能力。1994年7月，文莱加入了菲律宾总统拉莫斯倡议的菲律宾、马来西亚、印度尼西亚与文莱的"四角成长区"，并力争将成长区总部设在文莱，并先后多次主持召开东盟外长年会。

3. 通过伊斯兰会议组织发展伊斯兰外交

文莱独立后，苏丹哈桑纳尔的首次出访是1984年2月亲自出席伊斯兰会议组织（OIC）在卡萨布兰卡召开的首脑会议，并成为其成员国。文莱在成为伊斯兰会议组织成员后，积极参与组织的各项活动，并加入伊斯兰会议组织下属的其他机构，如伊斯兰教科文组织（ISESCO）、伊斯兰教发展银行（IDB）。

文莱希望通过伊斯兰会议组织这个平台，构建与其他伊斯兰国家成员国紧密合作，共同增进友好关系，增强彼此的政治和经济上的联系。文莱把同伊斯兰国家的关系看作其对外政策的重要组成部分，同这些国家有着密切的经济、文化、科技合作关系，人员往来也较频繁。在融合伊斯兰世界的过程中，文莱利用经济优势帮助伊斯兰国家：1987年3月，参加伊斯兰开发银行开展的旨在促进伊斯兰国家之间贸易的长期性商业资助计划援助伊斯兰会议组织。

文莱通过宗教的同源增强与伊斯兰宗教组织的联系，同时也将自己的外交空间拓展到中东。1984年后，文莱苏丹及政府官员都分别访问伊斯兰国家。

4. 依托其他国际组织拓展多方位外交

除了加入联合国、东盟和伊斯兰会议组织以外，文莱近年来更灵活与积极应对国际与地区事务。在独立的当日文莱就加入英联邦，成为第49个成员国。成为英联邦成员国后，文莱积极参加英联邦政府首脑会议、英联邦技术合作基金、英联邦科学委员会、英联邦学术委员会等英联邦国家的集体活动，文莱通过参与英联邦的活动，不但增强了与英联邦成员国的之间了解与合作，也获得了在贸易、工业和人力资源发展等方面的利益。

文莱于1992年加入不结盟运动，成为不结盟运动的第106个成员国。通过不结盟运动的外交会议，文莱与各国分享共同利益。除联合国、东盟、英联邦、伊斯兰会议组织和不结盟运动外，文莱还参加了世界卫生组织、国际海事组织、联合国贸易与发展组织、伊斯兰科学和文化组织、伊斯兰发展银行、亚太经合理事会、东南亚教育部长组织、亚太发展中心、亚太电信组织、世界气象组织、万国邮政联盟等国际组织。

自1993年11月以来，亚太经合组织（APEC）共举行了24次成员国领导人非正式会议，文莱苏丹是出席过全部领导人非正式会议的少数的几位领导人之一，为APEC的健康发展做出了积极贡献。

5. 注重与其他国家进行军事和防务合作

作为公民人数不足30万人的弹丸小国，仅凭自身力量，是无力与外部压力抗衡并保障自身安全的。为了改善自身安全保卫能力先天不足的状况，文莱积极参与外部军事合作。文莱与其他国家的军事和防务合作主要形式有：联合军事演习、购买军事服务、军训、军访等。

文莱向英国购买军事服务。在文莱有两支英国军队：一支是900人的英国廓尔喀禁卫军，主要负责首都政府主要机构的安全保卫工作和苏丹王宫的安全，由苏丹招募的退役英军廓尔喀人组成，退役的英国军官指挥，由苏丹负责支付薪金和费用。另一支是廓尔喀步兵营，约有1050人，这是英国女王麾下的第六廓尔喀步兵营，负责保卫诗里亚油田，指挥权仍属英国人，文莱每年支付费用300万英镑。

文莱与其他国家举行多边或双边联合军事演习。1979年文莱与新加坡签订双边防务合作协定，据此文莱与新加坡每年轮流举行联合军事演习；文莱与马来西亚、澳大利亚也签订有防务协定，也定期举行军事演习。到目前为止，文莱已经与美国、新加坡、澳大利亚等国建立了长期联合军事演习关系，参加美国、菲律宾主导的南海上最大的年度多国联合军事演习"卡拉特"。此外，还积极参与以"反恐"为名的海上联合训练与军事演习。

其他国家为文莱提供军训。英国为文莱提供国防工业和军事人员的培训，帮助文莱培训高级军官，为文莱军队提供130名军事顾问；新加坡为文莱培训军官和军事技术人员，还专门为文莱军人开办丛林战训练营；马来西亚为文莱培训空军；文莱士兵到澳大利亚的一个地面站训练中心受训，军官到澳大利亚的参谋学院深造。

文莱与其他国家军访频繁。文莱与新加坡军事交往非常密切，双方军事人员往来十分频繁；与泰国、马来西亚、印度尼西亚等东盟国家军事往来频率高，军方领导人保持经常互访，交换地区安全和防务问题；美国太平洋舰队司令、空军司令和第七舰队司令都访问过文莱。

第二节 与世界主要国家的关系

文莱与世界上主要各国保持和发展良好的关系。到2015年底，文莱已经与163个国家建立了正式的外交关系，在32个国家设有使馆或高级专员公署（英联邦成员国对使馆的称谓），向纽约和日内瓦代表团派驻了常任代表。

一、积极发展与东盟国家的关系

东盟国家是文莱的近邻，文莱认为近邻的繁荣稳定有利于文莱的发展，因此，文莱把东盟国家的关系放在外交的优先位置。文莱与新加坡两国同为东南亚小国，因相互认同程度较高而关系最好。文莱与马来西亚、印度尼西亚同为马来伊斯兰国家，政治文化上有亲近感。

1. 与新加坡的关系

在东盟各国中，文莱与新加坡的关系最为密切。20世纪60年代文莱曾拒绝加入马来西亚联邦，1965年新加坡也脱离了马来西亚独立。共同的命运使两国都面临维护国家主权和独立的任务，因此建立了长期的亲密友谊与合作关系。在行政管理方面，新加坡为文莱的大多数行政管理部门提供咨询指导和培训服务。在军事上，新加坡帮助文莱培训军官和飞行员，新加坡有一支空军联队、一个后勤营驻扎在文莱的淡布隆，还办有一所训练学校；文莱则向新加坡提供军事训练和演习场地。根据两国有关协议，两国货币等值流通。两国在经济上互补性很强，双方在金融业和贸易业方面合作密切。新加坡是文莱在东盟最大的贸易伙伴，是文莱石油的主要出口国之一，新加坡是世界上向文莱出口商品最多的国家之一，主要出口消费品，文莱政府和苏丹家族在新加坡有大量投资。

两国从1990年开始建立了高层互访计划，两国首脑和高级官员频繁互访，并在2013年开启未来青年领袖互访计划。李显龙总理2012年访问文莱时，向文莱苏丹提议设立年轻领袖互访计划，延续两国领导人的亲密关系，以及促进新一代领导人的认识与联系。青年领袖计划于2013年成立，主要是加强两国之间的关系，尤其是在两国的青年领袖方面。新加坡副总理兼国家安全协调部长张志贤曾于2013年8月19~21日率领代表团前往文莱进行就职青年领袖计划。文莱皇太子阿穆达迪毕拉则于2014年9月1~5日，率领文莱代青团前往新加坡进行第二届青年领袖计划。

2015年10月4~7日，新加坡副总理兼国家安全协调部长张志贤带领一组新加坡青年政治职务人员到文莱进行第三届青年领袖计划活动，并在文莱大学发表主题为"新加坡—文莱纽带绑定"的双边关系专题演讲。

同年，文莱与新加坡举办了主题为"文莱—新加坡：一个特殊的关系"的照片展。展出了逾百张文莱与新加坡在过去50年中的与经济、国防、边防、商贸、两国领袖、社会交流有关的图片。这些图片见证了文莱与新加坡在过去50年建交的坚固、密切的友好关系。文莱与新加坡的高层往来不断。同年10月25~26日，新加坡外交部部长维文对文莱进行访问。新加坡承诺要与文莱加强军事合作。新加坡武装部队联合作战处处长表示，新加坡武装部队（SAF）将继续探讨新加坡和文莱的军事合作的机会，该ADMM-PLUS MS&CT锻炼分为两部分，由文莱和新加坡共同推动主办。他说，新加坡武装部队将继续探索新加坡武装部队和文莱皇家武装部队（RBAF）可以合作的工作领域，并补充说两国之间已建立"接触点"。

2. 与印度尼西亚关系

印度尼西亚是文莱的另一个近邻。文莱与印度尼西亚在宗教、文化、民族等方面有很多共同点，民间来往较密切。但因20世纪60年代印度尼西亚苏加诺政府支持反对文莱苏丹的"文莱人民党"，两国关系一度紧张。1965年苏哈托上台后，不再支持人民党。1981年博尔基亚对印度尼西亚进行了访问，由此开始了两国的官方往来。1984年两国建交后，双方高层政治互访不断。文莱对印度尼西亚提供大量的贷款和投资，印度尼西亚则向文莱提供军事援助和军事训练。两国经贸关系良好，但因两国无海运相通，贸易额较小，两国之间的货物来往多从新加坡转口。近年来，双边贸易额不断扩大。另据不完全统计，在文莱的外来劳工中，约有3万名印度尼西亚籍劳工，在文莱外籍劳工人数中排在第2位。金融危机中，文莱为印度尼西亚提供12亿美元的援助，帮助印度尼西亚恢复经济。1999年，博尔基亚紧急资助印度尼西亚新总统瓦希德200万美元，用以解决闹独立的亚齐省问题。

2015年，文莱与印度尼西亚进一步发展经济关系。2015年2月7~8日，印度尼西亚总统佐科自上任后首次对文莱进行国事访问，佐科与文莱苏丹举行会谈，双方表示继续强化双边关系，尤其是要加强两国经济领域的合作。2015年10月27日，印度尼西亚旅游部旅社代表团到文莱进行旅游宣传，并希望两国可以共同开发潜力巨大的文莱旅游产业。2015年12月，印度尼西亚驻文莱大使馆在文莱举办了印度尼西亚创意产业展销会，同时与文莱政府举办了商业洽谈会。印度尼西亚与文莱2015年的双边贸易额达到26220万美元。

3. 与马来西亚的关系

文莱与马来西亚山水相连，民族、宗教、文化传统等方面关系紧密。1963年文莱加入马来西亚联邦的谈判破裂，双方关系一度紧张甚至恶化。马来西亚政府支持文莱人民党，文莱指责马来西亚干涉文莱内政，并提出边界林梦地区的主权要求。直至1978年马来西亚温和派领袖上台，两国关系有所改善。马哈蒂尔上台后，两国政府首脑开始频繁来访。1998年金融危机中，文莱向马来西亚伸出援助之手，支持其重整金融机构，并建议两国领袖的会见活动制度化，双方每年会面一次。之后，马来西亚和文莱的政府首脑及其高级官员频繁互访，两国在贸易、投资、军事训练、技术培训等方面开展了广泛的合作。马来西亚为文莱提供了大量的生活必需品，如粮食、鱼等。两国军队每年都举行联合军事演习，双方还协同配合，共同对付国际毒品走私问题，制止犯罪分子的活动。由于优良的升学环境、高素质的教育系统、合理的升学费用及与文莱邻近的地利，马来西亚一直是受到文莱学生欢迎留学的国家之一。

2015年，两国旅游业合作快速增长。因地缘关系，文莱到马来西亚旅游的人数最多。而马来西亚也是文莱旅游的最大来源国。2016年，马来西亚成为文莱最大商品进口国，占进口总量的21.2%。2015年，两国高层交往密切。

4. 与菲律宾和泰国的关系

文莱与菲律宾和泰国一直保持良好的关系。泰国是文莱的主要大米供应国，泰国大米占文莱大米食用量的90%；菲律宾在建筑业方面大力支援文莱，承包主干公路和其他重要项目的建筑工程，并向文莱提供了大量的熟练劳工。1991年8月底，文莱苏丹博尔基亚访问了菲律宾。1999年8月17日，菲律宾总统埃斯特拉达对文莱进行访问，访问期间，埃斯特拉达与文莱苏丹哈桑纳尔·博尔基亚举行了会谈，双方着重探讨了加强两国经贸合作的途径。两国签署了关于设立联合贸易委员会的协定，以期扭转近年来出现的两国贸易额下滑的趋势。

2015年，文莱与泰国双方高层往来不断，继续传统友谊。2015年2月2~3日，泰国三军总长沃拉蓬上将对文莱进行访问，3月25~26日，泰国总理对文莱进行为期2天的正式访问，与文莱苏丹重点讨论能源和农业合作。文莱苏丹盛赞泰国，并称泰国是一个有价值的合作伙伴。12月5日，文莱苏丹致电祝贺泰国国王普密蓬生日快乐，致电泰国总理巴育祝贺泰国国庆。12月19日，泰国皇家海军情报局局长帕功中将访问文莱，讨论两国海军开展双边合作，包括参加联合演习、人员互访和专业交流等事宜。

2015年，文莱与菲律宾在两国劳工、食品安全、农业和教育领域继续加强合作。

二、重视与英国、美国、日本等大国的关系

文莱重视与大国关系，一直与英国保持着特殊关系，与美、日等大国关系密切。

1. 与英国的关系

文莱与英国的友谊源于文莱独立前曾长期为英国的保护国。1992年11月3日，文莱苏丹首次对英国进行正式国事访问，英国女王授予他英国最高荣誉勋章，牛津大学授予他民法荣誉博士学位，英国皇家空军授予他荣誉元帅头衔。他也经常以私人身份到英国旅游或视察其房地产经营状况。独立后，文莱仍是英联邦的成员国，并与英国保持着紧密的政治、军事、司法、教育联系。文莱与英国关系特殊，在军事上联系最为紧密。英国长期帮助文莱培训高级军官，并供应武器装备，且有130名军事顾问在皇家武装部队指导工作。

1997年两国就文莱购买英国武器及英国廓尔喀部队留驻文莱事项签署协议。目前，英国在文莱仍有驻军守卫油田，并为文莱提供军事培训和技术训练。2015年10月12日，驻守在文莱隶属英国的辜克军团在斯里巴加湾市奥玛阿里赛福汀广场举行纪念英国辜克军团成立200周年的盛大阅兵仪式。文莱苏丹陛下主持这项盛大的阅兵仪式。2016年1月19日，文莱武装部队司令接见英军步兵旅司令。

司法合作上，文莱上诉庭已成为刑事案件的终审庭，但文莱的民事案件可以上诉到英国的枢密院。教育合作一直是文莱与英国交往的重点，双方在学生交换计划和高等教育领域中的合作开展顺利，英国在文化和教育上对文莱的影响巨大，也是文莱学生出国留学的首选目的地，文莱出国留学的学生中有近一半是在英国接受教育。此外，文英两国王室保持着密切的往来，双边经常互访。英国女王伊丽莎白二世授予文莱苏丹英国皇家海军上将军衔，文莱苏丹向英国查尔斯王子颁发2004年伊斯兰教国际奖。

2. 与美国的关系

文莱与美国在军事安全上合作紧密，但意识形态上存在分野。1986年，美国国务卿舒尔茨作为美国高级官员首次访问文莱，与文莱苏丹就地区安全、东盟发展、国际毒品等问题交换了意见。1994年文美双方签署了国防合作谅解备忘录，开始实行两国公民互免签证，此后双方开始了非常紧密的军事合作。一方面，文莱认为美国在东南亚地区的军事存在与周边大国的军事力量形成了博弈与制衡，对本地区的经济发展及安全稳定具有重大意义。另一方面，美国推行亚太平衡战略，以在东南亚地区的军事存在为据点，展示其全球领导与世界霸主的地位。根据该国防合作谅解备忘录，美国每年与文莱举行代号为"翠鸟"的联合军事演习，并每年派1~3艘军舰访问文莱，与文莱海军联合训练。此外，文莱还积极参加东盟地区多边军事联合演习，将国家安全置身于地区多边安全框架机制。

随着南海问题的升温，美国高调重返亚太，文莱与美国的军事关系进一步加强。由于文莱北面是中国南海，是东盟的重要国家，美国力图把文莱拉入美国构筑的亚太新安全网络，成为阻挠中国军队突破美国海上围堵的一个关键点。而小国文莱缺乏足够军队力量和国土防御纵深，担心在未来南海冲突中无力保护自己的安全，也需要依靠美国军队的帮助。文莱对美国军队在南海的军事存在持欢迎态度，认为美国一直是整个区域安全的保障，美国的军事存在提供一种权力平衡[①]。美国与文莱在军事合作突出体现在美国每年都与文莱举行大型联合军演"卡拉特"。

---

① 卢秋莉. 文莱欢迎美国在南海的存在[N]. 婆罗洲公报，2015-05-29.

2015年，文莱与美国继续发展良好的军事和经济关系。2015年3月17日，美军太平洋司令部副司令占士帕斯夸雷特少将访问文莱，并派美国技术队协助文莱空军全面操作美国S70i直升机。2015年9月26日，文莱苏丹陛下与美国国务卿约翰福布斯克里举行双边会议，就文莱与美国的双边课题进行讨论，并对区域及国际课题交换意见。11月6~10日，文莱与美国在文莱海军摩拉基地举行第21次CARAT联合演习。2016年，文莱表示愿意加入意在推动美国国民警卫队与苏丹国之间的军事安全合作的国家合作伙伴计划（SPP）。

然而，在意识形态上，文莱与美国双方存在重大分歧。文莱作为马来伊斯兰君主制国家，与美国提倡的西方民主与普世价值格格不入。美国常对文莱的人权提出批评和质疑，文莱则对美国的民主有所芥蒂，担心美国的"颜色革命"会引起和平演变，危害苏丹王室在文莱的统治地位。2014年，文莱宣布实施严厉的伊斯兰刑法，以强化伊斯兰教在文莱的地位及强调法律刑罚的震慑作用。美国则对此提出了批评，声称文莱不尊重人权。美国的批评并没有影响到文莱分阶段推行伊斯兰刑法的态度和决心。当然，文莱在经济方面不忘与美国展开密切合作。2016年2月，文莱作为创始成员国之一，正式参与签署了以美国为主导的跨太平洋伙伴关系协定（TPP）协议，力图通过这一高标准、宽领域的自由贸易区协定帮助实现文莱国内经济多元化。

3. 与日本的关系

日本是文莱最大的贸易伙伴国，文莱生产的大部分天然气和一半左右的原油出口到日本。当前，文莱对日本的出口占其出口总额的39%，位列第一，主要以石油和化工产品为主。日本15%的天然气从苏丹国进口。日本主要向文莱输出工业制品和进行大量的投资，日本专家还协助文莱投资局进行海外投资。日本在文莱也有不少投资。文莱与日本有稳定液化天然气供应合作，两国在信息发展和通信部门的合作不断加强。

4. 与俄罗斯的关系

文莱与俄罗斯关系若即若离。文莱与俄罗斯资源禀赋相似，同属资源主导型经济体，经济转型升级需求均十分迫切。双方在经济、军事等方面合作意愿强烈，但俄罗斯在外交中展现出强硬的大国强权姿态让文莱有所忌惮。1991年7月，文莱外交大臣在出席东盟外长会议时证实，文莱已将文苏建交问题纳入议事日程，并将在年底得到解决。但因苏联在催促建交时态度粗暴，文莱对此感到非常不满。直到苏联解体后，文俄双方就建交问题重新谈判，并于 1991 年 10 月正式建立外交关系，但迄今双方并未互设常驻使馆。目前文莱经济多元化战略与俄罗斯经济转型战略相契合，双方在能源投资、商贸合作等方面合作意愿增强，且俄罗斯在亚太地区的军事存在意愿强烈，双方在联合军演、武器购售等军事合作也取得相应进展。

三、与其他国家的关系

文莱与伊斯兰世界国家深度交往。由于历史和宗教的原因，文莱以重视发展同伊斯兰教国家的关系作为其外交政策的另一个基础。文莱独立后不久便成为伊斯兰会议组织成员国。文莱苏丹也曾亲自出席该组织在卡萨布兰卡召开的会议。文莱把同伊斯兰国家的关系看作其对外政策的重要组成部分，与这些国家有着紧密的经济、文化、科技合作关系，其人员往来较频繁。文莱苏丹哈桑纳尔·博尔基亚多次到麦加朝圣，文莱政府每年资助 2000 多名文莱穆斯林去麦加朝觐。由于同样的宗教信仰（伊斯兰逊尼派），相同的政治制度（君主制），文莱与中东的君主制国家（诸如阿曼、约旦、沙特阿拉伯和阿拉伯联合酋长国）交好，高层互访不断。对于非君主制的伊斯兰国家，文莱同样是非常友好的，如与巴基斯坦的外交关系。在文莱独立前，巴基斯坦曾派财政顾问帮助文莱的财政部门开展工作。独立庆典日，巴基斯坦总统应邀参加，并建立外交关系。由于两国对国际事务有共同的价值观，两国行政首脑于 1999 年和 2004 年互访，其他高层往来不断。

同时，文莱在国内大力发展伊斯兰金融，发行伊斯兰债券，注重加强与伊斯兰各国的贸易合作，并加入伊斯兰开发银行的长期性资助商业计划。支持伊斯兰教徒与巴基斯坦人的团结，并同其他穆斯林国家共同呼吁谴责引起争论的著作《撒旦诗篇》。基于与伊斯兰世界各国在地区主张和利益关切的一致性，文莱与伊斯兰世界国家关系友好，并在国内重大事务中得到其支持或声援。2014 年 5 月，文莱在西方国家普遍批评和质疑的声浪中坚持实施伊斯兰刑法，并得到伊斯兰世界国家的普遍支持。

第三节 2015~2016年文莱外交形势

2015~2016年文莱继续坚持温和的全面外交政策，以东盟为外交中心展开活动，注重外交工作中的经济合作。

一、依托国际组织为舞台开展外交

文莱一向秉承这样的原则：东盟是一个整体，文莱外交是在东盟这个大平台上开展与世界各国的交流与合作。因此，文莱非常注重东盟事务的参与。2015年，文莱的外交重点是参与在马来西亚举办的东盟系列会议，以文莱苏丹及内阁主要成员分别出席相关活动。2015年1月27~28日，参加马来西亚在沙巴州举办的东盟外长非正式会议；2015年4月24~28日，文莱苏丹及内阁官员参加马来西亚在吉隆坡举行的第26届东盟峰会及系列会议；2015年8月4~7日，首相府部长兼外交与贸易部第二部长林玉成参加了马来西亚在吉隆坡举行的第48届东盟外长会、东盟与中国外长会议、东盟与中国、日本、韩国外长会、东亚峰会外长会以及东盟地区论坛等系列会议；2015年11月5日，文莱交通部长阿卜杜拉参加马来西亚在吉隆坡举行的第14次中国—东盟交通部长会议；2015年11月，文莱苏丹哈桑纳尔参加马来西亚在吉隆坡举行的第18次中国—东盟领导人会议、第18次东盟与中日韩领导人会议和第10届东亚峰会。

2015~2016年，文莱与美国的关系也是基于东盟这个平台。2015年11月21日，文莱苏丹参加在马来西亚吉隆坡举行的第三届东盟—美国峰会。这次峰会通过了东盟—美国战略伙伴关系的联合声明，标志着东盟—美国的战略伙伴关系建立。东盟—美国战略伙伴关系的建立将帮助文莱在经济一体化和海上合作等方面取得进展。

2016年，文莱积极参加伊斯兰国家组织会议。2016年3月6~7日，文莱苏丹应邀出席在印度尼西亚雅加达举办的旨在加强支持伊斯兰会议组织解决巴勒斯坦和圣城谢里夫问题的第五届特别首脑会议。2016年4月14日，文莱苏丹出席在伊斯坦布尔会议中心举行的第13届伊斯兰峰会。

同时,文莱还积极承担国际责任。2016年2月15日,文莱主办有来自亚洲的16个国家参加的全面区域经济伙伴关系(RCEP)提议的贸易协议的第十一轮谈判。

2016年,文莱积极参加联合国相关会议,2016年4月23日,能源及工业部长丕显拿督哈芝耶斯敏代表文莱苏丹陛下政府在联合国正式签署了《巴黎气候协议》,与全球174个国家携手减碳。

二、经济合作是外交的重点

在文莱2015年的外交工作中,经济合作是重心。由于国际原油价格持续走低,文莱经济形势进一步恶化,经济多元化迫在眉睫,所以参与多方的国际经济合作,加强与世界各国的经济往来成为外交工作的中心。

跨太平洋战略经济伙伴关系协定(以下简称TPP)的谈判是文莱2015年经济外交的工作重。文莱是"跨太平洋战略经济伙伴关系协定"创始会员国之一。2015年美国介入TPP,并成为TPP主导者。文莱积极参加TPP的各种活动。文莱非常重视TPP,文莱政府认为,TPP将构建一个具有强大竞争力的区域自由贸易区,有利于文莱发展非油气领域,促进经济多元化发展。文莱重视TPP的目的在于利用TPP吸引外资,将其打造成区域投资枢纽,并促进其资源开采,原油和天然气出口。

在与日本的经济合作方面,2015年日本住友商事会社在文莱设油管加工厂。2015年10月,日本住友商事会社(Sumitomo Corporation)通过其子公司SCTSB和VAM在沙兰比加工业园兴建的文莱首家油管螺纹切割工厂和供应链管理基地工程奠基仪举行。为文莱提供164个直接工作机会。

由于中国的"一带一路"倡议与文莱的"2035宏愿"存在很强的契合,2015年双方的经济合作卓有成效。2015年中国对文莱的直接投资量和工程承包都有所增加。其中直接投资同比增长46.4%,工程承包营业额同比增长126.4%。

2015年中国在文莱的工程承包项目取得新进展。2015年5月6日,中国港湾公司中标承建的工期36个月、项目金额约合2亿美元的文莱大摩拉岛大桥项目开工。9月10日，中国建筑工程总公司与文莱发展部签署淡布隆跨海大桥 CC4 标段承包合同。

在文莱投资和经营的公司有：恒逸、海油工程、中海油服、国泰生物、华为公司、同仁堂、葫芦岛钢管厂等。其中，恒逸集团与文莱合作规模最大。

除具体项目外，中国与文莱的经济合作项目还有：在建中的"文莱—广西经济走廊"，宁夏与文莱清真产品认证互认工作，文莱与广西北部湾国际港务集团合作谈判。

2016年4月19日至21日，俄罗斯经济发展部副部长阿列克谢带领第二个俄罗斯商务代表团访问文莱，因为两国国情比较相似，都面临着经济多元化和吸引外资，刺激经济增长的任务。

三、深化与伊斯兰国家的关系

从2014年文莱开始全面分步骤推行伊斯兰刑法以来，文莱受到一些西方国家的抵制和国际人权组织的抗议。伊斯兰国家尤其是中东伊斯兰君主国则对文莱表示坚定的支持。2015~2016年，文莱与伊斯兰国家友谊进一步深化。2015年，文莱积极参与伊斯兰国家组织的会议和活动，2016年3月6~7日，文莱苏丹受邀出席雅加达伊斯兰组织首脑会议，讨论巴勒斯坦问题。2016年4月14日，文莱苏丹赴土耳其出席在伊斯坦布尔会议中心举行的第13届伊斯兰峰会。

2016年，伊朗与文莱加强合作描绘伊斯兰教和反恐的正面形象。伊朗总统哈桑·鲁哈尼呼吁在两国共同关心的各个领域加强联系和发展，并认为两国可以在技术和工程服务，能源和石化产品以及解决地区和国际问题等领域建立合作关系。巴基斯坦商务代表团在2016年第一季度到苏丹国寻求潜在商业合作机会。

第四节 文莱外交的走向

一、当前文莱与各国的外交形势

自独立以来，文莱推行以东盟为优先，依托国际组织和宗教信仰，开展多方面的外交。30多年的外交实践证明，文莱的外交政策是成功的。不但保持与英国的友好关系，而且与美国、日本、澳大利亚等国交好；与新加坡情同兄弟，与马来西亚、印度尼西亚、菲律宾、泰国等东盟国家高层往来不断，全方面地合作展开；保持了与伊斯兰国家的传统友谊，在伊斯兰刑法制定后，受到西方批评时，而得到中东伊斯兰国家的坚定支持；开拓了新的国际关系，与印度的各方面合作开始展开；与中国的经济、军事和社会合作不断深化，尤其是经济合作发展得很快。因此，未来文莱的外交走向一定是延续既定的对外开放外交政策。

此外，可以预计到的是，在文莱未来的对外关系中，会进一步淡化意识形态，更重视经济的因素。扩大对外宣传，加强与国际、地区和国家的经济合作会成为文莱外交工作的重心。

二、文莱未来的外交走向

在未来的文莱外交中，对外招商引资的工作是重点。因为外交目标要服务国内中心工作。对文莱而言，实现"2035宏愿"和经济多元化是当前国家的核心目标，而这个目标的实现需要大力引进外资参与能源产业相关的基础设施建设。据文莱政府预计，要实现"2035宏愿"的目标，至少要在2011~2035年内吸引到700亿~800亿文莱元的外资投入，也就是说，每年需要引进外资投入30亿~40亿文莱元[①]。而当前的投资数额仅为目标的一半，因此，大力吸引国外投资不可避免地成为实现经济增长计划的关键。因此，在未来的外交工作中，招商引资或者说各种经济合作仍是一个重点工作。

对于文莱与美国关系而言，随着文莱实施伊斯兰刑法，文莱与美国的关系更趋复杂化。但短期内，文莱与美国关系不会恶化。同时，积极在东南亚地区寻求盟友是美国重返亚太的战略需要，文莱急需与美国在地区安全方面展开合作，以形成对周边大国力量的制衡，而美国也需以此增加其在该地区的军事存在。且文美双方同属TPP协议创始成员国，两国在经济领域的合作愿望迫切。但从长期看，文莱作为世界上少有的伊斯兰君主制国家，且拥有丰富的石油天然气资源，

---

① 薛飞.文莱苏丹哈桑纳尔会见王毅[N].人民日报，2016-04-23（3）.

美国自认为是当代民主政治的标杆,积极宣扬其普世价值,对异于其政治制度的国家进行意识形态渗透、实施"颜色革命"的态度从未改变。文莱对此感到忧虑,担心美国价值观输出及对其油气资源的觊觎,从而重蹈类似阿富汗、伊拉克等中东国家的覆辙。因此,未来文莱在与美国的交往决策中将更趋谨慎。

第六章　文莱区域合作

第一节　区域合作背景及框架

随着经济社会发展和科学技术日趋进步，生产要素流动加快及市场主体经济活动空间拓展意愿增强，世界各经济体间开展区域合作也就成为必然。在经济全球化和区域经济一体化程度不断深化的背景下，文莱作为东南亚国家中的独立经济体，其经济发展严重依赖油气资源开发。因此，须加强区域合作（尤其区域经济合作），充分利用国际市场，引进国外资本、技术、人才、管理，扶持壮大非油气产业发展，实现产业结构转型升级，促进经济多元化及可持续发展。由于篇幅所限，本章所指的区域合作特指区域经济合作。即某区域内两个或两个以上的国家，为了维护共同的经济和政治利益，实现专业化分工和进行产品交换而采取经济政策，实行某种形式的经济联合或组成区域性经济团体。区域经济合作是世界经济生活越来越国际化的产物和表现。

一、区域经济一体化趋势

1. 多哈回合谈判停滞为区域经济一体化发展创造空间

区域经济一体化是指有关主权国家或独立经济体为实现区域内外的经济合作与融合而实行的制度安排。第二次世界大战结束后，全球经济发展盛行于以世界贸易组织（WTO）为主导的区域性经济贸易安排。进入21世纪，全球区域经济集团化浪潮高涨。全球地缘政治经济权力格局不断演变，伴随着交通运输、信息通信技术的快速发展及传统的生产模式与商业生态逐渐被更加复杂多样的专业化生产服务体系所替代，新的贸易模式和企业组织形态不断涌现。WTO传统的贸易规则已不再适应新的贸易模式，且多哈回合谈判的长期僵持停滞使各经济体偏好借助以自由贸易协定（FTAs）为主要方式推进更深层次、更宽领域、更高质量的区域经济一体化。

2. 全球区域经济一体化发展新趋势

经济全球化稳步推进，区域经济一体化逐步成为国际区域合作的主流，自由贸易协定也成为国际贸易投资合作的主要形式。新时期，特别是2008年全球金融危机以来，世界经济政治格局发生重大变化，发达经济体经济复苏乏力，新兴经济体成为全球经济的重要增长点，全球产业转移与产业价值链分工重新调整，区域经济一体化也呈现出新的发展趋势和特征。南北型区域合作已逐步取代南南型合作和北北型合作而成为主流，发达经济体试图主导区域贸易协定，发展中经济体则处于从属地区，且区域贸易协定呈现出开放性和自我扩张性特征。区域合作突破地缘限制，向广域一体化方向发展，形成区域经济合作与跨境次区域合作双轨发展。区域经济合作内容也更加广泛，价值取向也更加多元，在注重贸易创造和贸易转移等传统合作价值的基础上，更加注重地缘政治经济战略、直接投资与就业、倒逼国内经济改革等非传统合作价值。当然，随着区域经济一体化进程加快，区域自由贸易协定签署数量日益增加，各参与成员经济体处于嵌套式区域经济合作状态，"意大利面碗"效应凸显。

3. 文莱积极融入区域经济一体化发展

在区域经济一体化发展新趋势背景下，基于政治经济发展及区域和平稳定的战略考量，文莱积极参与区域经济合作，主动融入全球生产网络和国际分工体系。文莱国小人少，国内市场狭小，经济发展严重依赖外部市场。2015年文莱进出口总额为128.976亿文莱元，GDP总值为177.77亿文莱元，贸易依存度（进出口总额与GDP比值）高达72.6%。文莱通过参与区域经济合作，加入区域贸易协定，密切与伙伴成员国的经济贸易往来，确保贸易伙伴间和平相处，对内倒逼国内推行与国际主流价值相契合的政治经济改革，对外提升政治冲突发生的成本，维护区域和平与稳定。同时，通过经济合作，在区域内部就重大议题先行达成一致，以便提升在多边议题领域的谈判实力，从而增强文莱的国际话语权和存在感[①]。

二、经济多元化需要

1. 文莱油气产业一家独大存在隐忧

在油气资源被发现前，文莱经济主要以农作物种植、渔业和商品贸易为主。1899年，文莱开始探寻石油资源，1950年开始在海上勘探石油，1963年第一个海上油田建成投产。目前文莱探明原油储量为13.5亿桶，天然气储量为3907.7亿立方米，石油产量的90%和几乎全部的天然气产自海上油田，是东南亚地区第四大产油国，仅次于印度尼西亚、越南和马来西亚，是亚洲第三大液化天然气生产国和全球第四大天然气出口国。2000年以来，文莱原油日产量稳定在20万桶左右，天然气日产量达到3000多立方米。

当前，文莱的产业结构呈现"一超多微"格局，石油天然气产业是国民经济的绝对支柱，其他产业规模较小、实力较弱。文莱石油产量的95%以上，天然气产量的85%以上用于出口，其出口值占出口总值的90%。石油天然气产值占GDP比重仍超40%。文莱其他产业主要还包括农林渔业、制衣业、建筑业、金融业及软件服务业等，但占国民经济的比重较小，发展起步晚、速度慢、产业链短，其中工业设备、生活日用品、农产品等均依赖进口。"一超多微"的产业格局使得文莱经济过度依赖油气产业，而油气产业的发展又极易受国际原油市场价格的影响，由于缺乏国际原油市场定价的话语权以及油气开采技术的传统，使文莱经济显得十分脆弱和不可持续性。近段时间，由于国际油气的暴跌，再加上自身对油气产量的控制，文莱油气出口额大幅缩水，非油气产业尚未成长为经济增长的重要引擎，文莱经济出现了衰退。

为保持经济稳定持续发展，文莱也在积极探寻解决之道。从1963年起，文莱开始实施"五年发展计划"，1987年起，重点发展工业和农牧业；1994年起，为改变调整单一的经济结构，文莱积极发展非油气产业，实施"进口替代"战

[①] 全毅. 全球区域经济一体化发展趋势及中国的对策[J]. 经济学家, 2015 (1): 94-104.

略，20世纪90年代中期重点转向海外投资和推动中小企业发展；2003年起实施"双叉战略"，利用水深港阔的区位优势，建设大型货物集散港口，以此带动基础设施建设，同时规划建设工业园区，扩大招商引资，发展制造业、金融业及其他服务业。但碍于国内市场狭小，技术及人力资本短缺，产品生产成本较高，项目发展严重依赖外部市场，比较优势和国际吸引力较弱，迄今多元化经济战略收效尚不明显。

路径依赖带来的锁定效应使文莱高度依赖油气资源的单一经济结构积重难返。文莱油气产业属于资本密集、劳动节约、外向型产业，并主要依靠扩大现代化生产设备发展生产，劳动力创造效应微弱，且产品主要用于出口，因而前后向产业关联效应较小，难以辐射其他产业发展。此外，单一经济结构催生出畸形的劳动力结构。文莱只有油气部门拥有现代化技术设备和先进管理经验，其技术人员和管理人才主要来自英籍人员，土著马来人主要供职于政府行政部门和油气部门的文职岗，当地华人则主要从事商业经营，制造业部门的体力劳动则来自外籍劳工。产业关联效应弱及人力资本储备不足导致文莱长期以油气产业为绝对经济支柱的局面难以打破。

2. 文莱"2035宏愿"与经济多元化

随着国际市场原油价格的持续低迷，文莱经济近几年来出现不同程度的衰退，2015年文莱国内生产总值同比下降18.1%。同时财政收入缩水，财政赤字明显，高福利社会政策维持压力增大。减轻对油气资源过度依赖，促进经济转型升级，推动经济多元化发展迫在眉睫。为了更好地实现经济可持续发展，在文莱苏丹授意下，文莱政府于2008年发布了《文莱达鲁萨兰国长期发展计划（2035年远景展望）》，其主要由"2035年远景展望"、"2007~2017年发展战略和政策纲要"和"2007~2012国家发展计划"三部分组成。"2035年远景展望"提出了三大奋斗目标：到2035年，拥有最高国际标准衡量的受过良好教育和技术熟练的人民；人民生活质量进入全球前十名；充满活力的可持续发展经济，人均收入进入世界前十列。"2007~2017年发展战略和政策纲要"则指出为保障2035年宏愿实现，文莱在教育、经济、安全、机制发展、本地企业发展、基础设施建设、社会保障、环境保护等领域需要实施8个战略方向和50个政策方向。

"2035宏愿"战略延续了原有的经济发展计划，但更加突出强调通过强化基础设施建设、体制机制建设、扶持中小企业发展等手段改善营商环境，激发市场活力，以实现经济发展多元化。该战略也是在原有经济发展计划基础上的存量改革，突出强调教育和安全在国民经济社会发展中的重要意义，更具有全面性、深刻性。此外，"2035宏愿"战略具有外向性。一方面文莱的发展战略需要资金、技术、人才等方面的外援；另一方面维持地缘安全稳定需将自身纳入更大范围的区域经济和安全合作机制，以增强自身的国际地位和在国际事务中的话语权。

经济多元化发展及"2035宏愿"的实现受制于产业基础薄弱、资本和技术等生产要素资源匮乏等，在依赖国内政治经济革新，改善国内社会营商环境的同时也需要积极参与区域经济合作，充分利用国际市场和资源，加强国际经贸投资合作。大力引进外资，以获得资金、技术、人才等支持，并以此完善国内基础设施、培育壮大非油气产业，创造良好稳定的国际市场环境，帮助实现经济多元化，谋求自身应有的国际地位和国际竞争力，并维护国家和周边安全。

三、主要合作框架

自由贸易协定是当前区域经济合作的主流制度安排。根据WTO对自由贸易协定分类型统计，区域经济合作协定主要分为关税同盟（CU）、自由贸易协定（FTA）、经济一体化协定（EIA）和优惠贸易协定四类。其中，自由贸易协定与其他三类区域经济合作协定相比，具有较大的灵活性，它只要求签署协定的成员国之间相互降低和取消关税，而不要求对其他非成员国采取统一关税政策。这样也就保证了各个国家的贸易政策的独立性[①]。目前，正在生效的区域贸易协定中，自由贸易协定数量占比60.31%。文莱参与的（次）区域经济合作框架主要包括东盟经济共同体、东盟东部增长区、文莱—广西经济走廊、跨太平洋伙伴关系协定（TPP）、区域全面经济伙伴关系（RECP）等。

1. 东盟经济共同体

文莱1984年完全独立后的第七天即宣布加入东盟，成为东盟第六个成员国，并始终把加强与东盟及其成员国关系作为自身外交关系的基石和立脚点。1992年，东盟国家签署东盟自由贸易区协定，东盟区域经济一体化进程加快。2007

---

① 全毅. 全球区域经济一体化发展趋势及中国的对策[J]. 经济学家，2015（1）：94-104.

年第十二届东盟峰会上,东盟制定了《东盟经济共同体蓝图》,确定东盟经济共同体的目标是要把东盟建设成为一个商品、服务、投资、技术工人和资本等要素资源自由流动的地区。建成后的东盟经济共同体将是一个拥有单一市场和生产基地,经济平衡发展,富有国际竞争力,且完全融入全球经济的国际区域性组织。

文莱在推动东盟经济共同体建设上发挥着重要作用。2013年10月9~10日,文莱作为东盟轮值主席国在首都斯里巴加湾主持第23届东盟峰会及东亚领导人系列会议,推动2015年内实现东盟共同体,就东盟共同体的三大支柱,即安全共同体、经济共同体、社会文化共同体的进展、困境以及解决的办法进行协商,并对东盟各国间如何加强互联互通,促进东盟国家间人力资源流动、推动东盟统一签证制度的重要问题进行探讨。同时,最终通过了《东盟共同体2015展望的斯里巴加湾宣言》。2015年12月31日,东盟轮值主席国马来西亚外长阿尼法发布声明说,东盟共同体当天正式成立。

东盟经济共同体是亚洲历史上首次建成次区域共同体,更是地区一体化发展模式的创新实践。该共同体涵盖了6亿人口和约2万亿美元的经济总量。2016年是东盟经济共同体建成的开局之年,共同体成员国朝互联互通、贸易投资一体化方向稳步推进。2015年东盟贸易商品总目录中96.0%的商品取消了进口关税。其中,文莱、印度尼西亚、马来西亚、菲律宾、新加坡和泰国之间99.11%的商品关税已取消,柬埔寨、老挝、缅甸和越南98.86%的商品关税已经降至0%~5%的水平①。

文莱国力有限,融入东盟经济共同体与其他东盟成员国抱团发展,避免区域经济发展碎片化,共同形成单一的区域市场和以产业价值链为纽带的共同生产制造基地,增强经济发展内生动力,共同抵御全球经济风险。同时,在东盟经济共同体内,文莱能够更好地发展与东盟对话伙伴关系,增强参与国际经济事务的自信和国际公共产品供需的话语权。但也应该看到,目前的东盟经济共同体仍处于初级阶段,共同体程度并不高。例如,共同体内部在取消关税壁垒方面取得了突出的成绩,但各成员国却又采取更多的非关税壁垒措施,尤其是通过技术障碍贸

---

① 刘鸣. 2015年东盟经济共同体:发展进程、机遇与存在的问题[J]. 世界经济研究, 2015 (10):81-86.

易措施（TBT）、卫生和动植物检疫（SBS）措施使经营商的生产成本增加、进出口通关时间更长，且将削弱东盟区域内贸易投资总额的增长潜力，使之低于经济共同体应有的水准。

2. 东盟东部增长区

东盟东部增长区（BIMP－EAGA）是东盟内部三大次区域合作区之一，地理范围主要包含马来西亚东部的沙捞越州、沙巴州和纳闽岛，印度尼西亚东部的加里曼丹、苏拉威西、伊利安查亚和马鲁古群岛，菲律宾南部的棉兰老岛和巴拉望岛，以及文莱全部地区，总面积156万平方公里，占东盟国家总面积的35.1%，人口约7000万，占东盟国家总人口的12.2%。该区域内拥有丰富的农业、矿产和旅游等自然资源，存在巨大发展潜力。1992年，菲律宾总统拉莫斯最早提出增长区的概念，并得到了区内其他国家领导人的积极响应。1994年3月，东盟东部增长区在菲律宾达沃市正式成立。该增长区重点关注四大战略支柱即粮食安全、旅游、互联互通和环境保护，致力于通过共享区内的基础设施和自然资源，实现经济互补，促进该区域内经济发展。其成立旨在推动区域经济合作和旅游业发展，促进区内四国偏远欠发达地区经济社会发展，缩小四国之间以及老东盟六国之间经济发展差距。其发展目标是成为东盟的旅游中心、粮食基地和外商投资优选目的地。东盟东部增长区成立21年以来，增长区内各成员经贸合作日益紧密，能源、交通和通信等基础设施的互联互通程度不断地增强，以旅游业和农业为主体的产业关联互动紧密，区域一体化程度不断加强，并通过定期召开高官会及部长级会议形成了良好的区域合作沟通机制，区域经济发展差距不断缩小。

文莱地处东盟东部增长区的中心位置，是区域内唯一的主权国家，也是BIMP－EAGA商业理事会的总部所在地，并希望在该次区域建设中发挥引领作用，成为东盟东部增长区的经济中心和交通运输枢纽。然而，该区域地广人稀、海洋间隔，交通通达性极为不便，区域发展严重受制于区域交通滞后，除旅游业合作进展顺利外，其他领域经济合作几乎处于冬眠状态。

3. 文莱—广西经济走廊

2013年9月，第10届中国—东盟博览会期间，文莱工业与初级资源部部长叶海亚与广西壮族自治区主席陈武会谈时提出开展文莱—广西经济走廊合作项目研究的建议，希望与广西共同推进该项目，形成资源优势互补，深化双边经贸合作，实现互利共赢，陈武主席予以积极回应。2014年9月17日，广西壮族自治区政府与文莱政府在第11届中国—东盟博览会专场签约仪式上正式签署了《文莱—广西经济走廊经贸合作谅解备忘录》，文莱—广西经济走廊正式启动建设。2015年3月30日，广西壮族自治区党委书记彭清华率广西代表团访问文莱，提出"一港双园三种养"的先期合作建议，即推动北部湾国际港务集团参与文摩拉港运营，建设南宁文莱农业产业园和玉林文莱中医药健康产业园，并在文莱进行渔业、生蚝养殖和水稻种植。双方最终就农业、渔业、食品加工、旅游、交通物流等领域12个项目达成合作意向，同意加强双方联合委员会机制；5月，广西代表团赴文莱参加"国际食品与生物技术投资大会"，与文莱相关机构分别进行了对口洽谈，并就中国（南宁）—文莱农业产业园、中国（玉林）—文莱中医药健康产业园、文莱海洋养殖和文莱水稻种植合作4个项目与文方签署合作意向；9月，文莱政府与广西北部湾国际港务集团签署合作意向书，共同探讨将文莱打造成东盟及东盟东部增长区航运中心，为文莱与广西在更多领域、更深层次的合作与发展奠定坚实基础。

中国"一带一路"倡议持续推进和中国—东盟自由贸易区升级版建设深入发展的背景下，文莱—广西经济走廊是文莱与中国加强经济合作的重要载体和纽带，也是东盟东部增长区与中国加强经贸合作的重要桥梁。中国作为全球第二大经济体，文莱在致力于本国经济持续增长的努力中希望搭乘中国经济发展的便车，分享中国巨额经济体的经济发展红利外溢，借助中国庞大的消费市场、先进的科技和管理经验及丰富的资本，通过两国贸易投资及产业合作，推动国内产业结构转型升级及经济多元化发展。

4. 跨太平洋伙伴关系协定

跨太平洋伙伴关系协定（TPP）是当前最高标准的自由贸易协定，前身是由亚太经济合作组织成员国中的文莱、新加坡、新西兰和智利四国发起的跨太平洋战略经济伙伴关系协定（TPSEP）。2008年11月，美国出于应对金融危机及推行亚太再平衡战略的考量，宣布正式加入TPP谈判，意图将TPP作为其介入并主导亚太地区经济一体化进程的重要杠杆。随后，越南、秘鲁、澳大利亚、马来西亚、加拿大、墨西哥、日本等国相继加入谈判，从而使成员国范围由最初的4国

(P4) 迅速扩大到目前的 12 国 (P12)[①]。2015 年 10 月 5 日,美国、日本、文莱等 12 个国家已成功结束 TPP 谈判,并达成 TPP 贸易协定。2016 年 2 月 4 日,在新西兰奥克兰,由 TPP 12 个成员国代表参加的签字仪式,《跨太平洋伙伴关系协定》(TPP)正式签署。

TPP 参与主体存在巨大的差异性和复杂性,各参与国政治与社会文化差异巨大,其经济发展水平也不平衡。TPP 协议内容的广度和深度超过当前所有区域自由贸易协定,涉及内容全覆盖,既包括商品和服务贸易等传统的条款,也包含知识产权、劳工、环境、国有企业、政府采购等以前尚未涉及的新条款,且相关领域的最终标准都明显超出现有的水平。协议内容和标准更多地体现美国自由贸易理念及其战略利益诉求。

文莱加入 TPP,一方面是因为与新加坡保持紧密的政治经济关系而与新加坡保持步调一致。文莱和新加坡是政治经济盟友,两国在国际事务中基本上保持态度一致。新加坡经济对外依存度高,始终实施贸易自由化的政策,以及推进大国平衡的务实主义外交政策,是 TPP 谈判积极的鼓动者,文莱紧随新加坡积极参与 TPP。另一方面是为经济多元化战略积极创造条件。通过 TPP 成员国之间贸易投资自由化的平台机制,增强其对外资的吸引力,促进外资在非油气产业领域的投资合作,同时引进外来先进的生产经营管理技术,促进产品进出口市场的多元化。另外,出于海洋油气开发可持续发展的考虑,文莱加入 TPP 有利于文莱借助国际组织及周边国家的安全合作来保证自身处于一个和平、稳定、均衡的国际海洋开发环境中,确保本国油气资源开发的可持续性。

5. 区域全面经济伙伴关系协定

区域全面经济伙伴关系协定(RCEP)是以东盟为主导的成员国间相互开放市场、实施区域经济一体化的综合性自由贸易协定。RCEP 的 16 个主要成员国为包括文莱在内的各东盟成员国及已经与东盟签署自由贸易协定的国家,即中国、日本、韩国、澳大利亚、新西兰、印度等。2012 年 11 月,在柬埔寨金边 RCEP 建设正式启动。目标是达成一个现代、全面、高质量和互惠的经济伙伴关系协

[①] 吴涧生,曲凤杰等. 跨太平洋伙伴关系协定(TPP):趋势、影响及战略对策[J]. 国际经济评论,2014(1):65-78.

定，建成后有望成为世界上涵盖人口最多、区域最广、成员最多元、发展最具活力的自贸区。RCEP 是东盟将与之签署的双边自由贸易协定的整合与深化，从而避免了"意大利面碗"效应，进而提升区域经济合作水平和区域内生增长动力。与 TPP 相比，RCEP 的区域一体化程度并不广泛，部分范围超越 WTO 协定，侧重于货物贸易和部分服务贸易和投资，对发展中国家而言更接地气。

文莱作为 RCEP 成员国，积极推动协定谈判。2013 年 5 月 9～13 日，《区域全面经济伙伴关系协定》（RCEP）第一轮谈判在文莱举行。本轮谈判正式成立了货物贸易、服务贸易和投资三个工作组，并就货物、服务和投资等议题展开磋商。2016 年 2 月 14～19 日，RCEP 第 11 轮谈判重新回到文莱斯里巴加湾举行。本轮谈判由首谈会议和货物贸易、服务贸易、投资、原产地规则 4 个分组会议共同组成，本着落实领导人关于力争 2016 年结束谈判的指示，会议重点推进货物、服务、投资三大核心领域市场准入谈判和文本磋商，并初步确定 2016 年谈判计划。

第二节　2015～2016 年文莱区域合作形势

一、贸易

全球经济复苏乏力，国际市场低迷的形势下，2015 年文莱总体保持贸易顺差，进出口总额为 128.976 亿文莱元，同比下降 28.3%，其中进口额总量为 41.807 亿文莱元，同比下降 8.24%，出口额总量为 87.169 亿文莱元，同比下降 35.1%。进出口额总体趋于下降。

1. 进出口市场

文莱国内市场狭窄，经济结构单一，与之有贸易往来的国家数量不多，相对集中。出口市场方面，2015 年文莱有 10 个贸易对象出口额超过 1 亿文莱元，且这 10 个贸易对象出口额占文莱总出口额的 87.88%；两大出口市场超过 10 亿文莱元，分别是日本和韩国。以 2016 年出口额大小排列，文莱出口市场前七位依次为日本、马来西亚、中国、韩国、印度、泰国、澳大利亚。

进口市场方面，2015年文莱还有10个贸易对象进口额超过1亿文莱元，且这10个贸易对象进口额占文莱总进口额的85.94%；三大进口市场超过5亿文莱元。2016年文莱前七大进口对象国进口总份额超过83.3%，以进口额大小排列，进口来源地依次为新加坡、马来西亚、中国、美国、泰国、韩国、印度尼西亚、日本。

表6-1 2015~2016年文莱主要进出口市场贸易统计

国家/地区	2015年出口份额（%）	2016年出口份额（%）	国家/地区	2015年进口份额（%）	2016年进口份额（%）
韩国	15.63	9.7	马来西亚	22.61	20.9
日本	36.34	30.6	新加坡	15.05	21.2
泰国	8.61	8.6	中国	12.37	14.5
中国台湾	4.33	—	美国	11.29	12.6
中国	1.17	11.1	日本	8.03	2.8
印度	9.05	8.9	德国	3.22	2.7
澳大利亚	3.49	8.3	泰国	4.12	3.7
新西兰	4.63	—	韩国	3.52	4
新加坡	2.7	7.3	印度尼西亚	2.91	3.4
马来西亚	3.86	11.3	英国	2.82	
科威特	0.91	—	意大利	0.55	

资源来源：http://www.depd.gov.bn/，文莱经济计划与发展部（JPKE）网站。

2. 进出口商品

文莱是典型的资源开发型经济体，产业发展具有基础薄弱、以油气资源部门为绝对主导、门类不齐全、体系不完善等特点。2015~2016年文莱进出口总额出现大幅下滑，由127.96亿文莱元下降到104.246亿文莱元，下降了18.53%。

进口由2015年的40.79亿文莱元下降到2016年的36.89亿文莱元，下降了1.57%。食品、饮料和烟草、矿物燃料、化学品等进口份额有所增加，非食用原料、制成品、机械与交通设备等进口份额有所下降。进口的机械与交通设备主要包括油气勘探开采设备、交通工具等；食品主要以大米、粮油、日常蔬菜瓜果、海产品为主。

出口由2015年的87亿文莱元下降到2016年的67亿文莱元，降幅达22.73%。2016年，食品、非食用原材料、化学品、机械与交通设备及其他制成品出口份额较2015年有所上升，出口的机械与交通设备主要来自加工贸易，化学制品则来自油气冶炼与深加工部门及清真化妆与保健品等。矿物燃料（石油和天然气）出口所占比重下降，由2015年的93%下降到2016年的88%，说明文莱出口结构逐渐朝着非油气产品化方向发展，但油气出口仍占绝对主体。

表6-2 2015~2016年文莱主要进出口商品统计

商品	2015年 出口额（百万文莱元）	出口份额（%）	2016年 出口额（百万文莱元）	出口份额（%）	2015年 进口额（百万文莱元）	进口份额（%）	2016年 进口额（百万文莱元）	进口份额（%）
食品	7	0.08	8.6	0.12	610.4	14.97	599.3	16.25
饮料和烟草	2.5	0.03	2.3	0.03	68.8	1.69	68.9	1.87
非食用原材料	12.8	0.15	23.8	0.35	55.4	1.36	47	1.27
矿物燃料	8110.2	93.04	5919.1	87.88	269.9	6.62	314.4	8.52
动植物油	0	0	0	0	17.3	0.42	16.4	0.44
化学品	189.4	2.17	324.6	4.82	323.2	7.92	335.7	9.1
制成品	73.4	0.84	51.5	0.77	851.5	20.88	736.4	19.96
机械与交通设备	244.3	2.8	330.2	4.9	1485.7	36.42	1214.8	32.93
其他制成品	65.8	0.75	62.7	0.93	381.6	9.36	343.3	9.3
其他交易	11.5	0.13	12	0.18	15	0.37	13.1	0.36

资源来源：http://www.depd.gov.bn/，文莱经济计划与发展部（JPKE）网站。

2015年文莱石油、天然气出口总额为81.893亿文莱元，其中石油出口额为32.376亿文莱元，天然气出口额为49.517亿文莱元。日本为文莱最大的油气资源出口国，出口额为34.28亿文莱元，占油气资源总出口额的41.86%。韩国为文莱油气资源第二大出口国，出口额为11.698亿文莱元，占油气资源出口份额的14.28%。其他油气资源出口对象国（地区），按出口额大小排列，依次为印度、泰国、中国台湾、新西兰、澳大利亚、马来西亚、新加坡、科威特、越南（见表6-3）。

表6-3 2015年文莱石油、天然气出口市场统计

国家/地区	出口额（百万文莱元）	出口份额（%）	国家/地区	出口额（百万文莱元）	出口份额（%）
日本	3428.2	41.86	泰国	718.5	8.77
韩国	1169.8	14.28	越南	51.1	0.62
澳大利亚	298.5	3.65	印度尼西亚	129.1	1.58
印度	783.9	9.57	马来西亚	298.2	3.64
中国	74.6	0.91	新加坡	126.7	1.55
新西兰	453.9	5.54	科威特	79	0.96
中国台湾	577.8	7.06			

资源来源：http://www.depd.gov.bn/，文莱经济计划与发展部（JPKE）网站。

就石油出口市场而言，2015年，印度和泰国为文莱前两大石油出口国，出口额分别为7.83亿文莱元和7.185亿文莱元，分别占文莱石油出口的24.21%和22.19%。其他石油出口对象国（地区），按出口额大小排列依次为新西兰、韩国、澳大利亚、马来西亚、印度尼西亚、新加坡、中国、日本（见表6-4）。

天然气出口市场方面，2015年文莱天然气出口对象国或地区全部来自日本、韩国、中国台湾、马来西亚、科威特。其中绝大部分出口到日本，出口额为33.645亿文莱元，占天然气总出口额的67.95%，其次是韩国，出口额为8.219亿文莱元，占天然气总出口额的16.6%（见表6-5）。

表6-4 2015年文莱石油出口市场统计

国家/地区	出口额（百万文莱元）	出口份额（%）	国家/地区	出口额（百万文莱元）	出口份额（%）
日本	63.7	1.97	泰国	718.5	22.19
韩国	347.9	10.75	越南	51.1	1.58
澳大利亚	298.5	9.22	印度尼西亚	129.1	3.99
印度	783.9	24.21	马来西亚	298.2	5.86
中国	74.6	2.30	新加坡	126.7	3.91
新西兰	453.9	14.02			

资源来源：http://www.depd.gov.bn/，文莱经济计划与发展部（JPKE）网站。

表6-5 2015年文莱天然气出口市场统计

国家/地区	出口额（百万文莱元）	出口份额（%）	国家/地区	出口额（百万文莱元）	出口份额（%）
日本	3364.5	67.95	科威特	79	1.60
韩国	821.9	16.60	马来西亚	108.5	2.19
中国台湾	577.8	11.67			

资源来源：http://www.depd.gov.bn/，文莱经济计划与发展部（JPKE）网站。

二、投资

文莱经济结构单一，石油和天然气产业是国民经济的绝对支柱。油气资源属于非可再生资源，且随着世界经济疲软及页岩气的大量开发开采，国际原油价格呈现不断下降的趋势，文莱经济深受国际市场油价波动的影响。为摆脱单一经济束缚，维持经济长期稳定增长，文莱政府积极探索实施经济多元化战略，鼓励发展能源产品深加工、清真食品加工、医疗保健、信息通信、物流储运及配套等产业（链）。然而，由于文莱工业基础薄弱、工业配套缺乏、工业人才紧缺及发展管理经验不足等局限，紧紧依靠自身力量着实难以实现经济多元化，必须引进外资，增加就业，并借以培养本地产业技术工人，最终实现企业本土化。同时，文莱将油气出口产生的大量外汇储备用于外海投资,包括产业直接投资和证券资产组合投资,以此确保国家财富保值增值。

1. 投资环境改善

国际油气市场价格走势低迷,迫使文莱积极引进外资,培育新经济增长极以减轻对油气资源的依赖。为此,文莱政府在设立工业园区,发展以出口为导向的制造业和服务业产业集群的基础上,积极推动改革营造良好的商业环境。内政部和工业与初级资源部宣布实施新的营业法规,允许企业先注册公司,再确定业务性质和营业地点。同时实施《2015年杂货执照法案(修正案)》,营造公平的商业经营环境;财政部启用专门网站,办理企业名称及公司注册登记事务,企业注册登记时间缩短到1天,实施公共部门绩效评分系统,以此提高公共部门服务水平。文莱金融管理局出台新规,要求文莱所有银行、金融公司和伊斯兰信托基金对其所有贷款客户实施总债务清偿率的规定,以降低过高的家庭负债率,规范金融机构贷款行为,促进信贷市场健康发展。文莱达鲁萨兰企业的成立更是为中小企业与政府部门创造了良好的沟通机制和平台,显示出政府发展壮大文莱中小企业的决心。

2015年10月世界银行发布的营商环境报告中,文莱营商便利指数全球排名第84位,较上年上升21位。与2014年相比,开办企业流程的成本占人均国民收入的比重大幅降低,由10.5%减少到1.2%,创办企业所需时间由104天缩短到14天,企业注册的启动程序数量由18个减少到7个,总税率由15.8%下降到8.7%,营商环境得到改善。

在改善营商环境的同时,文莱为吸引外资采取极其优惠的税收政策。税收方面,文莱无个人所得税、营业税、薪资税、资本利得税、制造税,企业所得税较低(18.5%),且获得"先锋产业"资格的企业免所得税、30%的公司税及设备和原材料的进口税可以结转亏损和津贴,免税期5~20年;先锋服务公司可享受免所得税以及可结转亏损和补贴待遇,免税期8年,可延长,但不超过11年。由于工业体系不完善,文莱很多产业尚待培育和发展,中资企业在文莱很容易获得"先锋资格";政府补助方面,文莱政府鼓励外资企业在文莱进行设计研发、雇用和培训本地人力,为此专门设立研究补助和培训补助基金;投资生产成本方面,文莱的工业用电价格仅0.09文莱元/度,柴油价格0.5文莱元/升,工业园区的土地平均租赁价格每年每立方米 2.12 美元，低廉的投资生产成本使中资企业发展竞争优势明显。此外，文莱政府还专门设立文莱经济发展局，受苏丹直接领导，为外国投资者提供"一站式"服务，协助并支持在文莱的投资项目顺利运营，为外资企业在文莱开展业务提供了便利。

2. 引进外资取得新突破

2015 年，文莱成功引进了 11 个外商直接投资项目，总价值为 69 亿文莱元，涉及行业包括制造业、农业、物流业、生物制药业及水产养殖业等。这些项目共创造了 2462 个就业岗位，其中包括 1785 个本地工人就业岗位。有 4 个项目已建成投产，总价值约 10 亿文莱元，较 2014 年的 7.195 亿文莱元，增长了 38.99%，创造 484 个就业岗位，且 82% 为本地劳动力。另外 7 个项目正在投资前期准备阶段（见表 6 - 6）。

表 6 - 6 2015 年文莱外商直接投资概况

项目	投资来源地	所属行业	投资资额（百万文莱元）
东阳铝业有限公司	韩国	制造业	133.5
葫芦岛钢管有限公司	中国	制造业	62.5
黄金公司	中国台湾	养殖业	55
阿曼船业有限公司	中国香港	物流业	32.5
MC 生物科技有限公司	日本	生物制药	19
恒逸有限公司	中国	油气下游产业	5000
文莱化肥工业有限公司	土耳其	油气下游产业	1625

资料来源：文莱快报，http://borneobulletin.com.bn/brunei - attracts - 11 - fdi - projects - worth - 6 - 9b/。

引进外商投资来源地结构方面，文莱外商直接投资地主要来自周边国家或地区，如中国、土耳其、韩国、中国台湾、中国香港、日本等。来自中国的投资额最大，包括中国的恒逸有限公司为文莱目前规模最大的招商引资项目。引进外资主要流向制造业、油气下游产业、生物制药业、养殖业等行业，基本涵盖第一、第二、第三产业，其中主要流向油气下游产业，这与文莱油气资源禀赋优势和产业转型升级政策导向密不可分，也体现了文莱经济多元化发展战略的重点和方向。

3. 外资项目落地进展缓慢

后金融危机时代，全球经济增长乏力，国际市场需求不旺盛，石油、天然气价格持续走低。加之文莱国内市场狭窄，项目行政审批手续繁多、审批手续延长，外商直接投资项目进展缓慢。一些已经在文莱落地的外资项目开始重新考虑其投资计划或项目进度缓慢，投产期延长。例如，韩国在文莱最大的投资项目东阳铝业有限公司，因国际油气走低及全球经济不确定性变得更加谨慎，开始重新评估其投资的可行性。中国最大的投资项目恒逸石化有限公司原定于2015年建成投产的计划也因项目运营过程中的不确定因素而遭到延期。

三、劳务承包

1. 外来劳工供需存在结构性矛盾

文莱本土劳动力总量很小，总人口41.19万，其中劳动力数量为20.365万人，就业人数为189573人。受传统就业观念的影响，文莱本土劳动力偏好政府部门及国有企业职位，目前60%的文莱人在政府或国有单位就业，选择中小企业或外资企业的求职者非常少，且长期实施高社会保障福利政策使文莱人尤其是一些土著马来人变得安逸、慵懒，工作态度不端正、进取意识不强，本土人力资本效能较低，无法从根本上满足文莱经济多元化和产业转型升级所必需的产业工人、技术工人及管理人才等人力资本要求。

文莱积极引进外籍劳工，一方面满足经济多元化及可持续发展需要；另一方面欲借外籍劳工所产生知识外溢和"干中学"效应，积极培育本土高级技能和管理人才。文莱国内许可外籍劳工为10.68万人，占总就业人数的36.04%，其主要来自印度尼西亚、菲律宾、印度、孟加拉国、越南、泰国、尼泊尔等国，其中印度尼西亚是最大的劳工来源地，目前有6万名印度尼西亚侨民旅居及在文莱工作。文莱外籍劳工主要从事家政服务、零售业、制造业、物流业、建筑业等行业。其原因在于，尽管文莱政治环境稳定、社会持续井然有序、生态环境优惠、生活条件舒适，但文莱免费医疗、教育、住房等高社会福利政策具有强烈的排他性，外籍劳工无法拥有，且文莱实施严酷的伊斯兰刑法，使人们产生恐惧和威慑心理。更为重要的是，文莱科研氛围不浓厚，承载高级技术管理人才的科研院所或大型跨国科技企业较少。低文化素质及劳动技能的外籍劳工引进与文莱本地劳动力形成同质竞争效应，本地劳动力市场就业压力增大，造成外来劳工在文莱的供需结构性矛盾突出。

2. 外籍劳工准入政策缩紧

国际市场油价持续走低，文莱以油气资源出口为主导的资源型外向经济出现衰退，失业率上升。2015年文莱名义GDP总值为177.77亿文莱元，同比下降18.1%，失业率为6.9%。为缓解就业压力，保障本地就业机会，文莱政府决定缩紧劳工配额，收回所有已批准但尚未使用的劳工配额，如企业希望重新要回配额，则必须遵守新的劳工雇佣政策。对于本地人能胜任的工作，不鼓励雇主聘请外籍劳工。同时规定，批发零售、酒店服务、通信技术等领域的诸多岗位必须雇用本地员工；已经使用的劳工配额和现有的经营许可在申请延期时将适度削减企业，如不提高本地员工雇佣率，将较难获得经营许可；非本地居民申请开办咖啡馆、快餐店等传统餐饮业将受限，并无法在乡村地区开办企业等。

同时，为保证外籍劳工的流入不影响文莱本地人的生活习惯和价值观，外籍劳工工作准证审批严格、手续烦琐，在实际操作中实行一事一批、个案处理。要聘用外劳的雇主须向劳工局登记及申请外劳配额，之后移民与国民登记局才发给工作准证，让所聘请的外劳入境文莱，从申请到获得配额一般需3个月或更长时间。

尽管对外劳配额实现严格控制，但文莱内政部在优化外劳申请规则和程序，以营造良好的营商环境方面正做出努力。如降低为获得劳动配额所需缴纳的劳务保证金，正研究取消外劳配额制并以工作准证取而代之的可能性，从而方便民众和工商界，并缩短申请外劳准证的时间。

3. 区域劳务合作继续增强

积极参与与周边国家的劳务合作是文莱为经济多元化发展储备和提升人力资本的重要途径。除积极引进外籍劳工外，加强国内外籍劳工的权益的保障也是文莱参与劳务合作的重要内容。文莱与菲律宾两国正就菲佣在文莱的权益保护进行协商谈判，双边相关合作谅解备忘录正在草拟中。另外，通过区域劳务合作提升文莱本国人力资本。例如，通过参与东南亚青年领袖计划，积极培育青年的领袖能力和国际事务处理能力，引导并资助外资企业启动本地员工培育计划，提升本地劳动力的劳动技能，接受中国援助文莱首个双边人力资源合作项目"文莱公务员研修班"14 名学员赴华参加为期 16 天的培训,以此提升公务员的综合素质等。

第三节 区域合作特点和存在的问题

一、区域合作的特点

1. 以多边合作为主要合作形式

从参与的区域经济合作框架来看,文莱参与区域合作以多边合作为主要合作形式。目前文莱参与的东盟经济共同体、TPP、RCEP、东盟东部增长区等区域合作框架均属于区域多边合作机制。参与多边合作既顺应了经济全球化和区域经济一体化的世界潮流,也符合文莱国情。多哈回合谈判受挫后,各国为发展经贸合作的需要,纷纷加入以自由贸易协定为载体的多边经贸合作谈判,为国家间经贸合作制定新规则和新优惠政策,而为加入多边自由贸易协定的国家则因无法融入多边经贸合作的新规则而被边缘化,从而无法享受多边贸易协定所带来的市场和要素红利。从另一角度看,文莱国力弱小,产业体系不健全,以单个国家姿态在国际舞台"单枪匹马",可谓势单力薄。通过参与多边经贸合作,不仅能主动融入全球产业分工网络和价值链,避免脱离区域经济合作主要潮流,并以此倒逼国内政治经济改革,通过产业开发合作促进与全球产业链接轨,还能借助多边组织或多边协议的力量在国际经济舞台集体发声,增强自身在国际经济秩序中的地位和话语权。另外,文莱现有的双边合作机制也是在已有多边合作框架下进行。如文莱—广西经济走廊建设是文莱与广西签订的双边合作框架,但其仍在中国—东盟自由贸易区升级版建设及中国的"一带一路"倡议等多边合作框架下进行。

2. 周边区域为主要合作重点

从贸易投资市场结构来看,东盟和东亚国家等周边国家或地区与文莱经贸合作往来更为频繁。文莱油气资源出口份额中,东亚国家或地区(主要包括日本、韩国、中国和中国台湾地区)占 64.11%,东盟国家(主要包括泰国、越南、印度尼西亚、马来西亚和新加坡）占16.16%，其中文莱天然气出口到日本、韩国和中国台湾的份额高达96.21%。马来西亚、新加坡、中国和美国是文莱的前四大商品进口市场，占总进口额的61.32%，其中邻国马来西亚为文莱最大的进口市场，占总进口额的22.61%。另外，劳务合作方面，文莱的外籍劳工也主要来自周边国家，印度尼西亚为文莱最大的外籍劳工输出国，占总外籍劳工的60%。

以周边区域作为主要合作重点与文莱积极参与周边区域多边合作框架机制密切相关，更有其内在的逻辑性和必然性。首先是地缘优势。文莱与其周边国家自然、人文等领域地缘优势明显，自然地理单元相近，地貌特征及气候植被等地理环境相近；语言、习俗文化、民族性格等人文相通，具有天然的亲近感，也具有经济合作的便利条件，能够降低区域合作的可预见成本。其次是空间距离衰减。运输成本的存在使区域合作的空间作用强度随着地理距离的增加而衰减。周边区域由于空间邻近性，相互合作的空间强度往往较大，随着区域合作空间范围的延展，其合作的影响力也逐渐减小①。最后是经济辐射效应。全球经济空间发展格局中，亚太地区经济活力最强。其中，中国、日本分别为全球的第二大、第三大经济体，其他东盟国家也充分利用自身优势，积极承接国际产业转移，经济发展潜力巨大。文莱与周边区域的经济合作通过经济要素的流动与转移，接受周边发达经济的经济辐射，优化资源配置效率。

3. 合作内容涉及范围广泛

区域经济一体化不断深化，文莱与经济合作伙伴间的联系日益紧密，合作内容涉及范围也相当广泛，呈现"多层次、宽领域、全方位"的特点和趋势，区域治理体系更加完善。文莱参与的区域合作中，合作伙伴利益取向趋于多元，TPP、RCEP则很好地体现了这一特点。传统的合作议题不断深化，除了商品贸易、投资、劳工合作等，还关注直接投资、服务贸易、劳工标准和环境标准。此外，还出现新的合作议题，如竞争政策、规则一致性、知识产权保护、国有企业行为限制等。此外，合作内容从传统的经济领域扩大到社会安全及环境治理领域，反腐败、社会责任、人权保障等成为文莱参与区域合作的新议题。参与区域

---

① 肖洋. 跨境次区域合作与丝绸之路经济带——基于地缘经济学的视角［J］. 和平与发展，2014（4）.

合作的利益取向在关注以贸易创造和贸易转移效应为代表的传统收益的同时，更加关注国际政治经济学、直接投资与就业、倒逼国内经济改革等非传统收益。

合作内容涉及范围广泛体现了新区域主义的特征，既是经济大国间在全球经济新秩序建构中利益博弈的必然趋势，也是区域合作走向经济共同体的区域一体化水平提升的必然结果。区域经济集团以区域经济大国或经济联盟体为主导，其贸易伙伴将因担心传统市场遭遇侵蚀，在竞争中处于不利地位，而扩大合作议题可以增加区域经济集团合作的紧密依赖性，使区域合作红利最大化，区域经济合作内容呈现累积循环因果和自我强化性。文莱融入区域经济合作与治理体系，参与多议题区域合作也是应有之义。

4. 区域合作并未受南海主权争议影响

针对菲律宾就南海问题提交国际仲裁，增加南海地区不稳定因素，南海争端甚嚣尘上，中国与文莱间的经贸、投资合作并未受到影响。中文双方在就"双轨思路"解决南海争端达成一致的基础上，双边投资额迅猛增长，2016年第一季度中国在文莱投资已飙涨至8600万美元，与2015全年的量相比，大约增加了9倍。此外，尽管越南对南海仲裁案结果表示欢迎，与文莱态度略有偏颇，但文越两国经贸关系也日益紧密，在油气资源、农业、渔业、房地产和教育培训等领域合作密切，双边贸易额已从2010年的2420万美元增加到2015年的7370万美元，且文莱在越南投资运行205个项目，总资产超过21.8亿美元。由此可见，南海领土主权争议对区域合作影响较小，经济利益为区域合作的主要驱动力。

二、区域合作中存在的问题

1. 区域合作框架主导性不强

文莱与主要国际合作伙伴签订自由贸易战略合作协议均以东盟为载体，尚无独立与国际合作伙伴签署自由贸易区协定，在多边区域性自由贸易协定中发挥的影响力较小。在区域合作中的主导性不强。目前东盟与新西兰、澳大利亚、中国、韩国、日本、印度等国家签署了自由贸易区协定。此外，文莱还参加了正在谈判的东盟区域全面经济伙伴关系协定及以美国为主导跨太平洋战略经济伙伴关系协定。在所有的自由贸易协定中，文莱处于轮轴—辐条结构中的辐条地位，且处于嵌套型和辐轴型相结合的交叠型自由贸易协议网络体系，这在一定程度上可能会对文莱形成优惠侵蚀和原产地规则限制,且错综复杂的贸易规则也可能降低文莱对外贸易效率。

在东盟经济共同体中,文莱对东盟经济事务商定拥有一票否决权,且具有一定自主性。但对于脱离东盟主体的多边合作机制,如TPP,则体现了其依附从属性。TPP以美国为主导,是美国重返亚太区域,避免被亚太经济集团边缘化,企图引领国际经济合作新规则,抑制中国经济崛起,维护其全球经济霸主地位多边合作框架。文莱在TPP中的角色主要是担当规则追随者,不具备主导区域合作规则制定的领导力和影响力。

2. 区域合作框架落实不到位

区域合作伙伴经济利益多元化、经济实力异质性、政府效能差异化等因素决定双、多边区域合作框架在具体实施的过程中存在协议落实不到位问题。

首先,合作框架下的合作细则推进缓慢,导致合作项目无法落地。广西和文莱就文莱—广西经济走廊2014年达成合作谅解备忘录,2015年确定"一港双园三种养"的先期合作共识,但具体合作细则尚未出台,由此导致双边真正落地的投资项目较少。

其次,经济实力差异、经济利益多元化及政治制度差异使区域合作框架内容滞后于形式。东盟经济共同体已于2015年12月31日宣布正式成立,但要实现东盟成员国间贸易自由、投资自由、劳动力自由流动的经济共同体目标依然任重道远。

再次,区域合作伙伴整体经济发展水平落后,合作远景难以实现,东盟东部成长区虽然合作机制较为完善,但交通设施不完善,经济不发达,其提出的粮食安全、旅游、互联互通和环境保护四大战略支柱中,除旅游业合作进展顺利外,其他三个重点领域合作均由于资金、技术、人才等匮乏尚处于萌芽阶段。

最后,多边合作框架协议中贸易、投资和劳务合作条款中的新规则、高标准脱离经济发展实际而难以实现。TPP是高度自由的贸易投资的多边自由贸易协定,其消除贸易壁垒,减免关税相关贸易投资便利化规定,有利于促进文莱积极引进和吸收外来的先进产品技术及管理服务。但同时也应看到,文莱目前的经济技术发展条件与TPP高标准高门槛的贸易投资规定仍存在着不可逾越的鸿沟,文莱对TPP协定实施的难度较大,不利于目前阶段文莱经济多元化战略的稳定推进。TPP对文莱经济多元化战略的挑战主要来自以下几方面：①全面开放服务市场可能对文莱的伊斯兰金融造成冲击，并加大金融市场脆弱性和风险。②本地中小企业发展易受冲击。TPP要求成员国扩大或全面放开投资领域和范围，也要求政府运用非歧视原则对外资给予充分的保护和安全，并且引入投资者—国家的争端解决机制，给予投资者够多的维权机制和渠道，发展脆弱的中小企业容易受到外资冲击。③TPP明确限制成员国政府以有利于本国国有企业或行业领先企业的方式进行技术引进，不得对国有企业进行不当的支持，不利于文莱油气产业转型升级。④TPP力图强调对环境和劳工的保护，使其纳入要素成本。注重环境保护符合文莱的发展方向和要求，但是劳工保护方面与文莱目前的劳工政策出入较大。

3. 区域合作协调机制不完善

区域合作机制的设立是区域合作沿着达成既定目标规范化、制度化运营的有效保障，体现了平等互惠、共商共建的原则。文莱参与区域合作协同机制不够完善，首先体现在缺乏"意大利面碗"效应化解机制尚未建立，文莱与周边区域签订的多层次自由贸易协议，其协议中的普惠条款及原产地规则等条款错综复杂、盘根错节，可能相互抵消甚至产生冲突，从而造成贸易投资自由化效率减弱，而文莱尚未建立各层次自由贸易协定间协调机制。其次体现在个体区域合作框架中经济伙伴间合作协调机制不完善：

区域合作协调方式单一。文莱—广西经济走廊联合工作委员会作为协调文莱—广西经济走廊建设组织机制，但协调形式单一，仅每年定期在广西和文莱轮换召开一次走廊建设联合工作委员会，属于简单松散的行政磋商，走廊建设协调合作监管机制有待建立。

深层次合作机制尚未形成。目前，东盟东部成长区更多地关注各地区农业和旅游业领域易达成共同利益的合作机制，而以文莱为主导的区域生态环境共同管治的深层次机制尚未形成。区域环境信息共享机制不够完善，区域环境应急管控和环境执法启动机制有待形成。

缺少有效的约束和激励机制。某种程度而言，东盟经济共同体运营机制是自上而下的，其议程由东盟秘书处推动。东盟经济共同体对于违反规则的成员国并没有约束性承诺和惩罚性措施，且对于自由贸易、自由投资、劳动力自由流动目标实现过程缺乏有效的激励与约束。

第四节 区域合作展望

一、区域合作对象不断扩展

与周边国家合作仍是重点，但区域合作对象将不断扩展。东盟经济共同体建成后，区域市场一体化程度不断深化，资本、技术、劳工等生产要素互动更加紧密，文莱与周边东盟国家开展区域合作空间邻近性及地缘优势明显，与周边国家的经贸往来与合作仍将是文莱区域合作的重点。文莱置身于东盟经济共同体框架，以东盟作为整体开展对外区域合作，参与全球经济治理，多边主义经济合作新规则的制定以增强其在国际经济舞台的影响力。随着东盟经济共同体逐步走向成熟，文莱与东盟其他成员国，尤其与马来西亚、新加坡、泰国、越南等国家经济合作也将日益紧密。

区域合作对象不断扩展也是必然趋势。文莱经济多元化战略的深入实施对中小企业发展的扶持力度和引进外资的优惠政策不断加码，且文莱丰富的油气资源、享誉世界的清真产品认证及广阔的东盟市场也是吸引域外国家开展经济交流合作的优势和亮点。在东盟"10+3"合作框架下，文莱作为日本和韩国的老牌油气资源出口国和交通工具进口国，中国与文莱的贸易投资合作不断加强。此外，澳大利亚、印度、俄罗斯、巴基斯坦以及阿拉伯国家也积极寻求与文莱的油气资源开发及产业链延伸、伊斯兰金融及清真食品等领域的合作。

二、区域合作内容更加全面

在新区域主义背景下，文莱参与区域合作的内容更加全面。传统区域合作以贸易、投资和劳工合作为主要内容。文莱以油气资源出口为主导的对外贸易格局短期难以改变，进出口规模主要依赖国际市场原油价格走向，非油气资源进出口占对外贸易比重将逐渐增加。随着经济多元化战略持续推进，文莱对油气产业链延伸产业、制造业、生产性服务业等领域的招商引资力度将持续加大，且多边合作框架机制下的投资便利化和油气资源出口生产的外汇储备保值增值需要文莱企业走出去,对外直接投资规模也将持续增加。加强劳务领域合作,以突破国内劳动力短期的"瓶颈",也是区域合作的重点,文莱需要在劳务输入与国内就业稳定间寻求平衡,创造性地出台便利化的劳工准入政策,智慧解决劳工短缺问题。此外,劳工教育培训也是文莱劳务合作的发展趋势,以满足文莱经济本土化及高素质技术管理人才的需要。

全球多边主义治理体系下,区域合作不断地深度化和广度化,合作内容也由经济领域逐渐扩大到安全、环境治理、社会文化等领域。文莱以东盟为依托,参与区域合作内容也将更加全面,积极参与周边国家和域外大国的传统安全与非传统安全合作,表现在军事安全、海洋安全,共同维护区域和平稳定,积极参与全球环境治理,向联合国主动明确并提交节能减排指标,保护本国原始森林及参与婆罗洲岛生态走廊共建,共同维护地球美好家园;积极参与区域社会人文交流,实现区域社会文化的兼容并蓄及社会规则的统一,最终打造区域命运共同体。

三、区域合作机制日趋完善

区域合作机制是区域合作的制度化规范,需要合作各成员方共同协调。一般而言,区域合作成员国越多,其合作机制建立就越艰难。文莱积极参与区域合作机制的构建。现有的或正在进行谈判的区域合作框架中,TPP合作机制的构建取决于各成员国国内的态度,尤其是美国国内的政治态度和政策决心;RCEP谈判有望在2016年结束;东盟共同体合作机制将不断深化,东盟区域环境治理、周边安全、人文交流等领域合作机制将进一步完善,并朝着东盟命运共同体方向进一步迈进。

对于占据主导权的区域合作框架,文莱则更加注重区域合作机制的建立与完善。文莱—广西经济走廊成立了联合工作委员会,并成功举办了第一次会议,今后将进一步充分发挥联合工作委员会统筹协调的作用,加强沟通联系,发挥好秘书处的作用,积极研究和确定事关经济走廊建设的战略目标、重大政策和扶持措施,切实解决走廊建设中存在的具体问题。东盟东部增长区已形成定期对话机制,成员国定期举办董事会、高官会议、部长会议,就增长区农业、基础设施、能源合作、旅游等重大战略问题进行磋商合作。下一步,将对粮食安全、基础设施及环境治理等战略支柱进行专项突破，以项目为载体，积极引进域外资金和技术，建立项目实施监管机制，从而提升增长区的区域合作能力和经济发展水平。

四、区域合作态度更加开放

尽管2008年全球金融危机以后，国际市场需求疲软，但由于文莱国内市场容量狭窄，技术、人力资本等生产要素匮乏等经济发展"瓶颈"仍然存在，外部市场和资源对文莱经济发展的重要性不言而喻。因而文莱将以更加开放包容的姿态参与区域经济合作。

文莱在地缘优势和经济多元化发展迫切需求的推动下，在今后可能更加倾向于主动融入中国"一带一路"倡议，并与文莱"2035宏愿"实现有效战略对接。可以预计，围绕文莱—广西经济走廊这一中国与文莱的区域合作纽带桥梁，今后文莱与中国在投资、贸易及服务领域的合作往来将更加密切频繁。

第七章　文莱的社会文化

作为政教合一的马来伊斯兰君主制国家，文莱的社会文化具有浓厚的宗教色彩，并深受马来民族传统影响。15世纪初，文莱曾是印度教—佛教国家，15世纪中期才转奉伊斯兰教为国教[①]。现在伊斯兰教教规几乎成为文莱人的生活准则和文莱社会文化的核心。目前全国有将近80%的民众信奉伊斯兰教。文莱苏丹允许不同宗教信仰的存在，但并不允许非伊斯兰教教徒传教或劝服穆斯林改变宗教信仰。

伴随着全球一体化，世界各国之间竞争的焦点由经济、科学技术等显性因素逐渐转向重视文化、价值观及外交策略等隐性因素的影响。在文化全球化的现实语境下，文莱同样面临着文化冲突与碰撞。极端主义和现代化对其传统文化造成了一定的冲击和侵蚀。同时文莱还面临人才匮乏，尤其是高素质及技能型人才短缺，社会活性不足以及各种社会和健康问题增多等挑战。文莱需要对多重外来文化进行选择性扬弃。对社会新形态和格局进行整合，并形成适合自身发展的道路，更好地顺应全球化发展的趋势，实现"2035宏愿"。

---

① T. N. 波斯尔斯韦特. 教育大百科全书：各国（地区）教育制度（下）[M]. 重庆：西南师范大学出版社，2011.

第一节 2015~2016年文莱社会文化领域发展态势

一、文莱的民族宗教

截至2016年7月，文莱人口数量估计为43.7万，有20多个大小民族，居民种类大致分为原住民和非原住民两大类。

原住民主要有马来人和达雅克人。其中，达雅克人是文莱土著居民的统称，意为"内地人"或"山里人"，主要包括卡达洋人（原为穆鲁特人后裔）、伊班人、杜逊人、巴曹人、加央人、梅拉瑙人（或译为马兰诺人）、穆鲁特人和比南人等，约占全国总人口的6%。达雅克族多生活在偏远山区，居住在热带雨林的长屋中，沿袭古老的原始氏族公社生活[1]；文莱的马来族主要是由苏门答腊岛和马六甲等地的马来人组成。从13世纪开始迁徙而至，马来族已成为文莱的第一大民族，约占全国人口的2/3。达雅克人信奉万物有灵的拜物教信仰和习惯，形成了文莱最初的文化。马来传统文化则奠定了文莱文化的根基。非原住民中，华人约占全国人口的10%，是文莱的第二大民族，也是非原住民中人口最多的一个民族。华人迁移史可追溯至7世纪中国唐代。

文莱穆斯林每天5次祝福礼拜："晨礼"、"晌礼"、"晡礼"、"昏礼"和"宵礼"，每周五需到清真寺祈祷。同时，穆斯林禁酒，不吃猪肉、死物和血液，不浪费、不偷懒，遵守社会公德。文莱虔诚的伊斯兰教徒很多。按信教人口比例，到麦加朝圣的人数比东南亚其他国家都多。开斋节在文莱最为隆重。斋月期间，成年穆斯林均须斋戒[2]。文莱的宗教行政机构主要由伊斯兰教法庭、法典说明处、伊斯兰教育处、天课处以及训导处构成。宗教人士除了日常的宗教活动外，还向不信教者宣传伊斯兰教教义，尽力劝诫丛林部落的村民皈依伊斯兰教。

---

[1] 唐慧，张向辉，廖娟凤. 文莱文化概论［M］. 北京：世界图书出版公司，2014.
[2] 事实上，近年来随着现代社会的发展，由于文化融合等各种因素，部分文莱的马来穆斯林在斋月期间也会偶尔偷偷破戒，跟随非穆斯林一道用餐。

2015~2016年，文莱苏丹及政府继续强调伊斯兰信仰及价值观的重要性。一方面，通过正面宣传，弘扬正统的伊斯兰教；另一方面，谴责、警告伊斯兰教异端。要求穆斯林强化自己的宗教信仰，避免反社会反宗教的行为[①]。同时，为维护文莱穆斯林的特性，苏丹多次向国民强调要严格奉行伊斯兰教的精神和教规。贯彻实施"伊斯兰化政策"。如开设政治思想必修课程；鼓励穆斯林参与经商；设立伊斯兰信托基金会。文莱政府在加强伊斯兰化的同时，限制和打击极端伊斯兰教派，以及多举措防范暴力极端主义和激进改革势力对文莱民主进程的破坏。同时，与国际社会合作，共同携手打击恐怖主义、腐败、走私、贩毒、网络犯罪、电信诈骗等各类跨国犯罪活动。

文莱提倡保护崇尚伊斯兰教信仰的所有行为举止。为纪念斋月、弘扬斋月精神，文莱各政府部门在各地陆续举办宗教仪式、可兰经仪式、tadarus 和 tahlil 活动，旨在加强总理署属下各部门机构之间以及其与社会公众之间的友好合作关系。另外，类似活动也在清真寺展开。在回教斋戒月期间，只允许外卖打包，斋月禁餐厅用餐，直至斋戒月结束为止。不过对于非穆斯林，并不用守斋，只是应当尊重穆斯林传统，尽可能不要当着他们的面大吃大喝。事实上，2016 年在文莱斋月期间，一些酒店仍然会为外国游客提供早餐餐食，但不会安排在其日常运营时的餐厅就餐，而是另安排酒店内的其他地点进行。但如果熟悉当地情况，在外其实依旧能找到饭店就餐，并不需要打包回去。只是餐馆通常会用一幅帘子将门口遮住，这样便看不见里面的活动。另据一些在文莱生活工作的外国人（包括中国人在内）反映，初到文莱逢斋月时，在有马来同事在场的情况下，大家会尽量避免在公司办公室座位上喝水。但最后马来同事劝他们"就在座位上喝水，大家都不会介意"。

另外，虽然伊斯兰教规定，禁吃猪肉。但在文莱可以卖猪肉，不仅有猪肉铺，而且也不需要像过去那样在超市辟出一角偷偷进行售卖，而是大大方方贴着"猪肉"二字在门上。很多超市都有非清真食品，猪肉罐头之类的货品还是很容易找到。由此可见，文莱政府在这个问题上比较宽容开明，满足了非穆斯林的需要。一些文莱马来族朋友也表示，理解外国人无意中违反当地伊斯兰教规或礼仪

---

① 李国磊. 论文莱君主制的弹性[J]. 青年与社会，2012（8）.

的行为,并不会苛求对方。由于文莱人较早地接受西方教育,在文莱工作的外国人也不少。在系统学习传统伊斯兰教课程的同时,也了解不同背景下的生活方式,现代社会网络的发达令他们不再局限于自己的文化语境。

文莱苏丹在纪念先知穆罕默德的诞辰中强调,伊斯兰教应被认为是最好的宗教信仰。应当感念先知穆罕默德的诞生,以伊斯兰所喜悦的方式和活动,如祈祷、诵经、讲座和宗教集会等,庆祝这个历史性日子。为纪念文莱31周年国庆,宗教事务部部长表示,从长期来看,文莱不仅需要科学家、经济学家等专业人才,还需要神职人员和宗教专业,建立宗教教育证书和GCE"O"级证书考试制度,让宗教/阿拉伯语成为主流。同时宗教事务部还强调了加强本国宗教教师的教学技能建设。苏丹期望系统化发展"宗教导师体系",以应对世界各种新涌现的挑战,进而稳定社会和克服挑战。帮助国民遵守纯正伊斯兰教义,在复杂多变的氛围中免受外来影响的污染。在文莱,文莱苏丹沙里夫阿里伊斯兰大学作为一所宗教学校,致力于培养学生坚守穆斯林戒律的能力,并将其视为对外来不良文化冲击及挑战的防浪堤。宗教事务部正在努力制定战略以加强该国的宗教教育体系,亦有专家建议在文莱创建祷告学校。

2016年,在第九次主题为"迈向中东文化,穆斯林社会发展"伊斯兰部长级会议上,讨论如何执行伊斯兰世界的文化战略。强调了文化融合中政策的重要性和实施途径,目的是实现文莱"2035宏愿"。

二、文莱的人力资源开发及利用

一国人力资源开发与利用效率与其经济发展、社会环境状态、各项方针政策、教育制度与医疗卫生建设等密切联系。文莱政府2015/2016年度国家预算资金总额为57亿文莱元,其中仅有10亿文莱元用于发展预算,剩余47亿文莱元则分摊到政府12个部门,而涉及本国人力资本投资与卫生支出部分高达12.71亿文莱元,占总财政预算的22%。可见,文莱政府高度重视本国人力资本开发与利用,关注提升国民健康水平,强调高等教育。教育部正积极拟订高等教育发展策略计划,致力于培养国民阅读文化,并为年轻人增加培训和实习机会,以此提升其工作技能[①]。

文莱近年人口呈现平稳增长的态势（见图7-1）。其中2015年人口总量达428981人，男性为216635人，占总人口比例为50.5%；女性为212346人，占总人口比例为49.5%，男女比例趋于均衡状态。

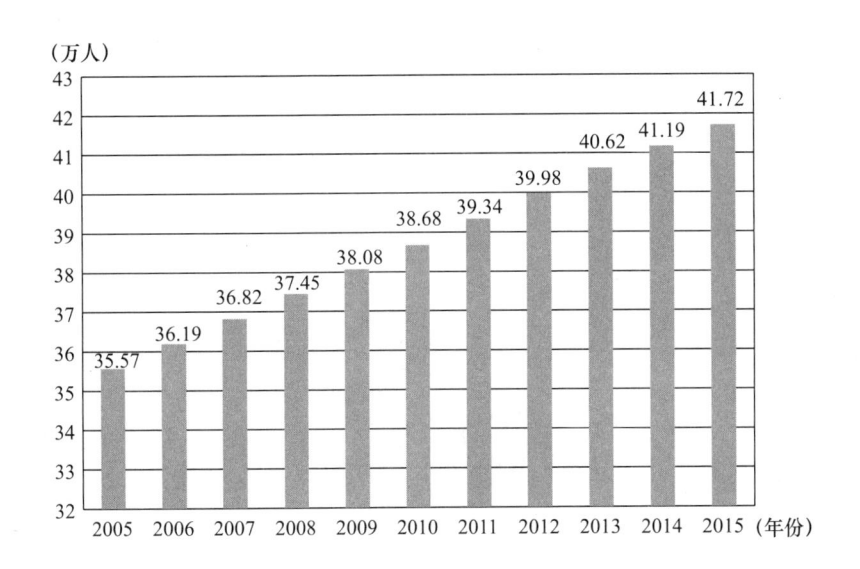

（万人）

年份	人口（万人）
2005	35.57
2006	36.19
2007	36.82
2008	37.45
2009	38.08
2010	38.68
2011	39.34
2012	39.98
2013	40.62
2014	41.19
2015	41.72

图7-1　2005~2015年文莱人口数量

资料来源：国际货币基金组织（IMF）网站及文莱经济计划与发展局。

从种族分布来看，马来人、华人及其他民族依次占文莱总人口的比例为66.4%、9%和22.6%。另外，根据文莱经济计划与发展部的人口统计数据显示，马来族人口比例逐渐上升，且其增速超过总人口的增速；华族人口比例有明显下降的趋势，从以往平均占比10%以上，下降了1个百分点。较之1989年独立之初的几年所占17.8%，更是跌了几乎一半。其他人口2011年和2014年均为24%，2015年是23.9%，可见其他族群这几年的人口占比基本维持在同一水平，比1989年独立时仅占13.4%，仍有增加。这与文莱引进外籍劳工有关。

---

① 黄瑛，罗传钰，黄琴. 文莱经济社会发展与"一带一路"建设的互动分析［J］. 东南亚纵横，2015（11）：18-19.

从劳动人口方面来看,根据文莱经济策划与发展局的统计数字显示,截至2016年初在文莱430000人的总人口中劳动年龄人口为320000人,而劳动力人口仅为210000人,占人口总量比例为49%。失业人口为10000人,占劳动年龄人口比例为3.2%。文莱本土劳动力集中在服务行业,特别是政府管理部门。如表7-1所示,目前27.3%的文莱人在公共管理部门工作,11.8%的人在批发和零售行业工作,而教育部门工作人员所占比例为10.3%。工作量较大的体力活往往由外籍劳工来承担,这就使外籍劳工在就业人口中所占比重较高。由此可知,文莱当地劳动力资源仍处于短缺的状态,人力资源储备严重不足,且本国接受良好教育的公民普遍倾向于就职政府部门,而在普通劳动力方面,技术能力有所欠缺,外籍劳工所占比重居高。

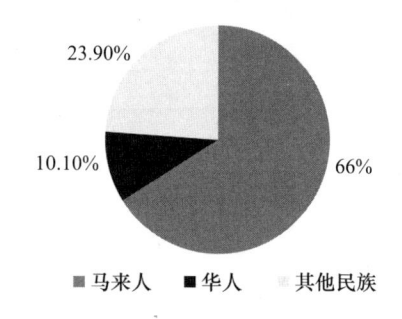

图 7-2　2015 年文莱人口种族结构

资料来源:文莱经济计划与发展局。

文莱人力资源开发与利用现状:

(1) 经济多元化发展为人力资源开发与利用奠定了基础。2015~2016 年受国际油价影响,一直依靠油气作为经济支柱的文莱受到了冲击。但文莱大力推进经济多元化战略,在建筑、商贸、金融等领域有所增长。2016 年,中国浙江恒逸集团的炼化项目、葫芦岛钢铁集团的钢管厂项目,韩国东阳公司的挤压铝厂项目开始陆续进入建设或投产期,从而带动文莱经济增长[①]。为文莱带来更多的就业机会,提高文莱的人力资源开发与利用,促进其经济可持续发展。

---

① 马静,马金案. 文莱:2015 年回顾与 2016 年展望 [J]. 东南亚纵横, 2016 (2): 20-25.

表7-1 文莱就业人口在各行业的分布情况（2014年）

就业人口	总数	居住状态 本地	居住状态 外籍
人口数量（人）	189500	137300	52200
行业（%）			
农林渔业	0.6	0.5	0.8
采矿和采石业	5.6	6.5	3.2
制造业	3.8	2.5	7.3
电、气、水供应和其他工业活动	1.9	2.2	1.1
建筑	7.4	3.1	18.4
批发和零售业	11.8	9.4	17.9
住宿和餐饮业	5.5	4	9.5
交通和存储	2.4	2.8	1.4
信息和通信	2.7	3.2	1.5
金融和保险	2.4	3.3	0.1
房地产	0.4	0.3	0.4
专业、技术、管理和支持服务	6	6.3	5
公共管理	27.3	36.3	4.3
教育	10.3	13	3.6
健康和卫生	3.7	4.4	1.9
其他服务行业	2.4	2.3	2.9
家庭作为家政人员雇主的活动	5.9	0	20.7

资料来源：文莱经济计划与发展局。

（2）政局及社会状况。2015年起，文莱政府为保持政治社会稳定采取了改组内阁、加强反贪污的立法和教育制度、加强对非法入境外国人的执法工作、重视解决弱势群体的生活问题以保证社会稳定等方面，取得了良好的成效。文莱稳定的政局与良好的居住环境对文莱吸引外资、留住人才等方面有利。2015年文莱国民住房计划进展顺利，已为近3万名没有土地的居民解决了住房问题。《伊斯兰刑法》实施效果良好，非穆斯林也开始习惯和接受该法。据统计，全国罪案数量较去年有所下降。文莱对非伊斯兰文化和宗教活动实行限制。苏丹宣布禁止国民公开庆祝圣诞节，但文莱华人庆祝中国节日并未被禁止。华人在文莱的地位日益提升。新内阁重组后，财政部副部长刘光明是继林玉成之后的又一位华裔内阁成员，但华人对公民权的争取依然任重道远。

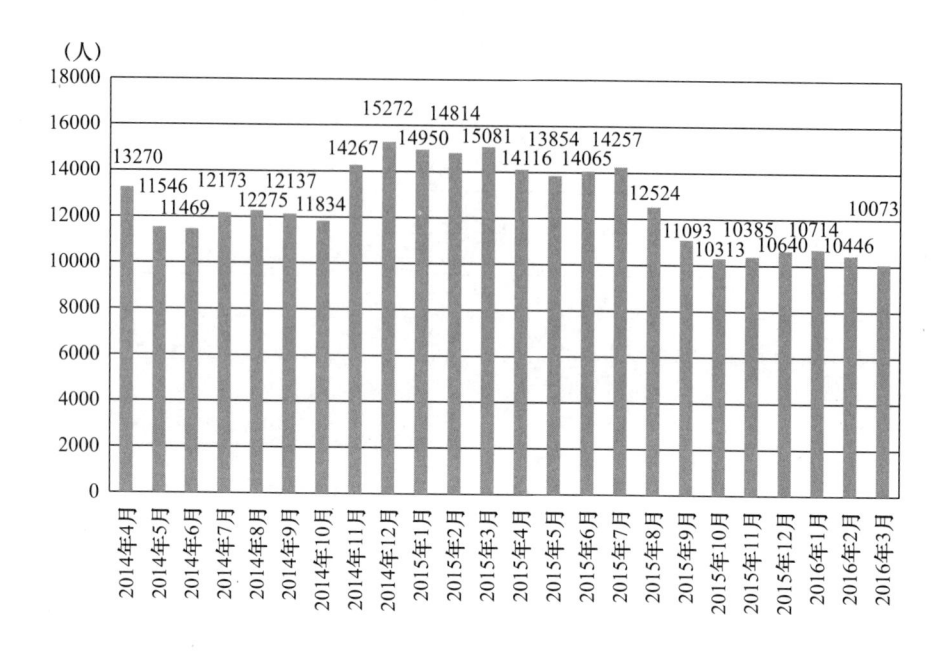

图 7-3　文莱 2014~2016 年各月失业人数统计

资料来源：文莱经济计划与发展局。

据东亚东盟经济研究所（ERIA）发布的最新报告显示，文莱拥有良好的生态环境，与新加坡一年四季保持良好的空气质量，是亚洲国家为数不多的在过去 25 年间人均二氧化碳排放量减少的国家。在东盟生态指数排行榜上，文莱位居第二，仅次于新加坡。

但文莱正逐渐面临人口结构失调的社会问题。联合国发展计划下最新的 2016 年亚太区人力资源开发报告指出，文莱将在 2030 年面临人口老龄化。该机构估计文莱在 2030 年的人口预将达到 500000 人。正处于"人口转型中期"拐点，将在 2030 年面临工作年龄人口的明显下降，之后将趋缓。与日本、中国和新加坡等国家的人口老龄化情形相似。另外，文莱目前失业率上升，国民超前借贷的消费习惯导致家庭负债率过高。因此文莱面临促进劳动人口增长，创造更多的就业机会，国内产业转型，鼓励国民培养良好储蓄习惯并将储蓄转化为投资的挑战。

(3) 教育。文莱有着优越的教育福利制度。全体公民一生的教育免费，包括学生住宿、交通及出国留学的费用。但非文莱公民（主要是"未获准入籍而在文莱的永久居民"）不能享受免费教育。只能在申请获准后才能上公办的学校而且需交纳费用。目前，文莱的常规教育主要分为初等教育、中等教育、职业技术教育和高等教育，同时文莱的文化教育还包括了创业教育和华文教育。其目的是提升国民素质，向国民灌输马来伊斯兰价值观，并保持文化传承及政体稳固。

2015~2016年，文莱不断提高教育素质和加强教育监管，支持发展高等教育的民间力量，如提高私立学校招生规模。随着教育规模的扩大，教师和学生数量在不断增加。同时注重教育机会的平等，使更多的妇女接受教育。据世界经济论坛（WEF）的全球性别差距报告显示，文莱2015年排名上升至第88位。2016年7月16日，文莱苏丹哈桑纳尔出席其70岁华诞颁赐勋章仪式上表示，教育在推动国家经济发展中扮演着重要的角色。所以，应当加快教育发展进程，培育更具竞争力的人才。这表明了文莱苏丹对教育改革及人才培养的高度重视。

文莱特别重视高等教育的发展与高校毕业生的就业问题，在国内提高了奖学金的覆盖力度。为满足社会发展的需要，文莱正努力使接受高等教育的人达到25%~30%。但目前在文莱受过高等教育的人数远未达到这个比例。文莱教育部长丕显拿督哈芝阿布巴卡在一家私立商学院的毕业礼中表示，目前从私立学院毕业的毕业生只占全国的21%。另外，他强调文莱应当学习东盟其他国家在面临职业教育和培训的挑战时采取的先进经验和方法，将其与本国实际相结合，提高国民知识和技能水平。

2015~2016年，文莱与中国在教育领域的人才交流与合作趋于增多。2015年，中国政府向2名文莱学生提供全额奖学金，资助其在中国完成学业。同时，援助文莱第二批中国青年志愿者在文莱大学商学院、健康科学院、语言中心开展为期1年的援教工作，并于2016年暑期顺利结束。华文教育合作方面，中国北京燕京文化专科学校陈向荣校长率领的6人专家教育考察团赴文莱，对文莱中华中学开展教材编写课题调研及参观考察活动，为使该校高小年级使用的教材更完善，并衔接到中学七、八年级新加坡教材，这对提升文莱华文教育质量具有重要意义。另外，文莱中资企业为实现本土化经营，培养本土化人才，积极开展产业人才培训合作。浙江恒逸集团联合浙江大学、文莱大学，以"校校企"合作模式，开展了为文莱联合培养石油化工专业人才的"恒逸石油化工人才班"项目。2015年7月，该项目首批13名文莱留学生获得了结业证书和成绩单，回到文莱大学继续完成本科学业；华为文莱公司发起"未来种子计划"，发掘和培养文莱信息、通信和技术领域人才。

文莱的教育机构正在适应国际国内环境的快速变化，引进高新科技，提升教学水平和学习效率，加强技术人才和实用型人才的培养，以更好地服务于本国经济社会发展。尝试多样的人才培养模式，转变培养机制，选择开放式教育策略。文莱还将加强与越南的教育合作，共建教育项目（师生交流交换、教学经验、方法等信息和资料交流交换等）。另外，法国将在文莱增加奖学金受惠人数，鼓励文莱学生留学法国。

未来，文莱还希望进一步加强学术界和私营部门的能力建设，以及支持技术转让和商业化之间的战略合作，促进人才流动和人与人交往，通过努力深化在科学和技术领域的区域和国际合作支持国家的发展。文莱对联合国教科文组织的教育、文化、科技、通信和信息方面的发展问题，以及开发和设置2030年新教育愿景和议程在区域和国家层面都将给予强有力的承诺和支持。

（4）医疗。文莱政府重视人民的生活环境和医疗服务，2015~2016年继续拨出巨额财政预算用于医疗卫生事业。文莱医疗体系分为三级，即卫生诊所、卫生中心和医院。文莱目前共有12所医院，包括5所政府医院、5所军事医院、1所私人医院和文莱壳牌石油公司1所内部医院。文莱公民可以免费享受医疗卫生服务，包括到国外免费就医等，而对永久居民和政府部门里的外籍雇员及其家属也仅收取象征性费用。得益于良好的医疗卫生条件，文莱人均寿命为76.7岁，其中女性为78.8岁，男性为76.5岁。高福利的医疗卫生政策也为文莱吸收和利用人才提供便利条件。

（5）工作政策制度。目前，文莱实行每日8小时工作制，每周工作天数最多为6天，超过8小时部分视为加班。但对于当前的加班工资水平无法律规定，因而文莱本地劳工普遍不愿意加班。

在工资制度制定方面，文莱没有实施最低工资制度，私营部门工资水平不高。文莱劳工工资水平如表7-2所示。除工资外，所有雇主和雇员各按雇员工资的5%向雇员准备金（Employees Provident Fund）缴费，并各按工资的3.5%向补充养老金（Supplemental Contributory Pension Scheme，SCP）缴费。

表7-2 文莱劳动力工资水平　　　　　单位：文莱元

工种	计酬时间	基本工资
非熟练技工	天	20
半熟练技工	天	20~27
熟练技工	天	27~35
初级经理	月	2000
中级经理	月	3000
高级经理	月	4500
会计	月	1200
打字员	月	450
办公室文员	月	300~500
秘书	月	1000~1300
速记员	月	750
送信员	月	500
仓库管理员	月	650及以上
施工监造	月	1000及以上
实验室技术员	月	750
机械操作员	月	750
工厂维护技工	月	750
专业技术人员	月	1000及以上
质检员	月	750

资料来源：中华人民共和国驻文莱达鲁萨兰国大使馆经济商务参赞处。

三、文莱社会民生及民间文化动态

2015年文莱国民住房计划进展顺利，已为近3万名没有土地的居民提供住房，在联合国人类发展指数排行榜中名列第31位。被苏丹视为执政50年来最大"政治财富"的《伊斯兰刑法》实施效果良好。除文莱穆斯林对该法普遍认可外，非穆斯林也开始逐渐习惯和接受该法的实施。由于该法对行为人内心约束有效，刑罚的外在威慑强大，司法程序严格，其实施使得文莱社会局势越发稳定，全国罪案数量较去年有所下降；但该法仍处于全面实施的第一阶段，与之有关的刑事程序法还未能在宪报上公布，草案亦未审核完毕。文莱信奉伊斯兰教为国教，对非伊斯兰文化和宗教活动实行限制。为避免损害穆斯林的信仰，苏丹宣布禁止国民公开庆祝圣诞节，否则将面临最高5年的监禁。但文莱华人庆祝中国节日并未被禁止，中国农历新年期间，文莱苏丹还携其他皇室成员参加了文莱华社新春团拜活动。同时，华人在文莱的地位日益提升。新内阁重组后，财政部副部长刘光明是继首相署部长兼第二外交与贸易部长林玉成之后的又一位华裔内阁成员。但土生土长的华人对公民权的争取依然任重道远。

综上所述，文莱政府围绕"改善民生"采取的相关政策措施有助于促进国内政通人和，文莱民众普遍安居乐业，国内不易滋生某些极端伊斯兰行为。

文莱国内的大部分节日活动都与伊斯兰教的传统有关。比如纪念穆罕默德的诞辰节，人们盛装游行集会，全国一片欢腾景象。开斋节是马来人的新年，国王要通过电台、电视向全国人民发表公告，皇宫也会向民众开放3天。这3天任何人（包括游客）都可以去皇宫向苏丹及王后祝贺，并免费领取一份礼物及就餐。此时去皇宫的人络绎不绝，通常都需要排长队。每年7月15日文莱苏丹的生日（2015年遇斋月延迟至8月15日）除了全国庆祝委员会组织以外，民间的庆祝活动也相当多。民众庆祝热情很高，会举办各类美食节、体育比赛和宗教祈祷。国王及皇室成员接见百姓，与民同乐。

文莱马来人的民间舞蹈是文莱很有特色的习俗之一。喜庆节日的庆祝以各种打击乐器伴奏为主，表演者盛装登场。主题包括男女之爱、丰收的喜悦、劳动的欢乐等。由于民族服装漂亮，舞者包括各层次人群，所表演的传统舞蹈十分引人入胜。如文莱舞蹈队表演的舞蹈"Relentless"表现丰收的庆祝活动。该舞蹈入围2015年7月在美国洛杉矶举行的世界表演艺术锦标赛决赛。

稻米是东南亚所有国家人民的主要粮食。可以说，稻米文化是东南亚区域的文化特色和一股凝聚力量。尽管不同国家有着不同形式的稻米节庆，但彼此对稻米的尊崇是相同的。如稻米收获节是文莱土著达雅克人庆祝丰收的节日。一般会持续3天。人们准备各种食物，并聚在一起，载歌载舞感谢神灵庇佑并预祝来年的再次丰收。2015年文莱首次举办"东盟稻米文化节"，来自东盟各国的代表们通过交流，增进对稻米文化的体验认知，建立起更牢固的文化联系。近年来，

"立蛋"逐渐成为文莱人庆祝端午节的传统，很多人将"立蛋"照片贴上网，使其逐渐成为一种受欢迎的游戏。

四、文莱年轻人的生活、思维方式及价值观念

文莱的年青一代是在比较安定、优渥的环境下长大。大多数移民也已经到了第三代、第四代，完成了家族财富的积累，不再需要下一代艰苦奋斗及拼命才能取得身份认同。由于在同样的社会环境中成长以及民族、文化的长久融合，使不论本土年轻人还是移民后代都表现得更为平和。他们虽然仍然面临种族、文化思想观念包括未来任职时优先权的不同，但在一定程度上，日常行为习惯、爱好都日渐趋同。如对传统习俗兴趣减弱，闲暇时更喜欢独自在家上网、玩游戏，或者是聚会、与家人外出度假，并逐渐被欧美、日韩文化所吸引，喜欢好莱坞大片和韩剧，有比较小众的兴趣爱好等。

由于文莱早期是英国的保护国，独立后与国际社会的接触越来越密切。西方价值观随经济全球化、现代移动通信技术和互联网社交媒体的普及，慢慢渗透至国内各个领域。受此影响，文莱人尤其是一些年轻人的思想（思维）和生活方式较之父辈有了很大的变化。他们更乐于接受外来的新鲜事物，越来越多的文莱青年人将英语视为第一语言，而忽略或基本放弃本土语言的学习。民主自由的观念不可避免地影响年青一代的思维，一些人开始反思传统观念，质疑君主制度的合理性。有的抨击伊斯兰教信仰，使伊斯兰教信仰遭受到一定程度的冲击。而在华族青年中，除语言问题外，还有宗族和财产划分等级观念的改变。部分受过高等教育的年轻人开始反对以财富、宗族体系为基础判断地位的观点。

此外，在社会高福利刺激和政府及公共部门任职的优越感影响下，大部分青年的择业观偏向于在公共部门工作而非在私人企业就业。本科毕业后入公职，每月工资至少为2750文莱元，一个政府部门的领导工资大概5500文莱元。硕士及硕士以上学历的收入会更高。一般情况下，大学毕业生入公职的收入大致相当于社会的平均收入。在没有出现适合的公共服务部门岗位情况下，相当多的年轻人宁愿选择失业或待业，领取社会失业救济金，也不愿去私营部门和中小企业寻求工作。由于长期处于和平安定的社会环境，当地居民生活比较安逸，依靠较高的社会福利保障，不用就业也能生活得很好，这就使有些民众逐渐变得慵懒、安于

现状，缺乏进取心，责任意识不强。文莱现有约14100名失业者，拥有高等教育资格的人占32%，拥有中等教育资格的人占30%。这些人因为要求高收入、高待遇，工作往往干一段时间便辞职回家待业。加之近年来，政府雇员需求数量下降。导致失业率上升，18~25岁的青年失业现象尤为严重。

文莱与马来西亚相邻，由于国内伊斯兰法律约束、禁忌较多，娱乐活动设施及项目少，国内居民常常会到临近的马来西亚城市度假消遣。年轻人没有工作，无所事事，部分人很轻易便能驾车从邻国马来西亚携带毒品入境，导致文莱国内吸毒、贩毒现象日趋严重。同样，也容易对上网、打游戏产生依赖。除此之外，年轻人偷盗、斗殴等社会问题案件也有上升。当然这与外国劳工大量涌入不无关系。尽管政府在分阶段推行劳工"文莱化"的政策，以减少社会问题的产生，但很多当地人还是不愿意做劳力活。

文莱人享受免费医疗、教育，生活安逸，没有储蓄习惯。每月末，部分家庭还会连续到餐馆吃喝。文莱人饮食习惯偏爱香、油、甜食和碳酸饮料。逢年过节，成箱的可乐、雪碧和芬达都是最受欢迎的礼物之一。因而肥胖导致文莱青年甚至是儿童健康问题严重。糖尿病、高血压、高血脂、冠心病和癌症等疾病问题突出。

第二节 存在的问题和挑战

一、极端主义和现代化对宗教和传统文化的冲击侵蚀

世界政治经济形势风云变幻，政治民主化在几乎成为普世价值的当代，文莱带有专制色彩的政治形态在一些人眼里有悖于潮流。威胁文莱政权稳定的不安定因素仍然存在。主要体现在以下三个方面：

（1）政党政治和宗教异端的威胁仍然存在。"二战"后，文莱先后出现过人民党、巴哈依教组织、民族民主党、民族统一党等多个政党或宗教组织。都因反对君主专制、争取实现普选或与伊斯兰教义相抵触而被文莱政府解散或查禁。如

今，安逸舒适的生活虽淡化了文莱民众的政治民主的追求，但持不同政见者仍然存在，对文莱苏丹统治构成隐忧。

（2）文莱年青一代民主意识增强与伊斯兰文化意识淡化。随着文莱经济与互联网技术的发展及公民生活富裕舒适，文莱年青一代，特别是在海外留学的年轻人开始接触并学习西方的政治民主化思想。他们的民主意识开始觉醒，参政议政愿望不断增强。另外，全球化潮流下，文莱年青一代倾向于学习和模仿西方价值观念及生活方式，文莱伊斯兰教的传统文化习俗在年青一代脑海中开始逐渐淡化。在开斋节庆祝活动中，一些家长发现孩子不爱参加走亲访友、开门迎宾等伊斯兰开斋节传统活动。文莱年轻一代的民主意识增强和伊斯兰文化意识淡化与文莱社会传统产生一定冲突，不利于文莱政局的长期稳定。

（3）外部世界的不良影响。文莱面临的外部世界不良影响主要体现在意识形态分化和国家安全威胁。一方面，文莱带有专制色彩的政治形式与西方自由民主人权的普世价值不兼容，西方势力从没放弃对文莱的意识形态进行同化。其对文莱实施伊斯兰刑法进行抵制和制裁，也表明了西方国家对文莱的意识形态分化的影响。另一方面，文莱国土面积狭小、人口与土地资源有限、缺乏战略纵深，禁不起动乱。国家安全边界极具脆弱，容易遭到外部的安全威胁，这对文莱的外交战略选择提出了挑战。

二、高素质、技能型人才匮乏

（1）人力资源结构分布不合理，部分领域人才稀缺。尽管文莱政府提出多元化的经济发展战略，但其经济结构仍旧以能源产业为主。农业、建筑业及服务业等产业的发展仍旧比较缓慢。但经济的不断发展也为文莱吸引了大量的外国劳工。受经济结构的影响，外来劳工也更倾向于石油、天然气的开采，农业、医疗、教育行业的人才仍旧稀缺。例如，根据文莱《联合日报》报道，发展中国家医生与人口比率是1∶170~1∶300，而文莱仅为1∶736；发展中国家牙医比率是1∶600~1∶1300，而文莱比率为1∶4819；药剂师方面，发展中国家比率是1∶730~1∶1200，文莱比率是1∶9637。因此，文莱卫生部部长阿达南希望更多学生就业选择医疗业。此外，文莱听觉、临床心理学家、验光师、视觉矫正师、足科医生、义肢师、矫形师等专业人才偏低，每个专业从业人员介于2~9人。

2015年3月，文莱知名侨领、实业家曾瑞吉博士提醒准备来文莱投资的中国企业，在文莱招募具备合格劳动技能的本地劳工有一定难度，务必先向中国驻文莱大使馆和文莱中华总商会进行充分咨询，要考虑应对本地劳动力短缺问题。

（2）教育体系仍不健全，缺乏高层次人才。人力资源开发一直是教育的主要任务之一。当前，高素质、高技能人才的数量远远无法满足文莱社会发展的需求。现阶段，文莱虽已形成初等教育、中等教育、职业技术教育和高等教育一系列的教育体系，但高等教育、职业技术教育培训体系仍不够健全。文莱的大学大多建校时间短，师资力量不足，教学质量和水平目前尚无法达到国际一流水平。人才培养计划的不合理导致技术类人才缺乏。例如，相对于科学、工程等专业，许多学生更愿意选择"软科学"，如管理、金融等专业。学生在高级程度考试（GCE A – Level）继续选择科学（含生物、化学、物理）科目的人数仅为总人数的1/4左右。到高等教育阶段，科学和技术专业毕业的学生更少，技术类工种的缺乏带来了人才供需不平衡的问题，也影响到私营部门和中小企业发展所需的本土专业技能人才的引入。加之精英教育体系下培养的人才主要进入文莱公共服务部门，高素质、技能型人才匮乏。这已成为文莱教育、经济可持续发展的"瓶颈"。

（3）全社会尊重知识、人才的氛围不浓。从文莱政府在教育和就业方面的举措来看，文莱政府重视人才培养，也在不断提升人力资源开发利用的水平。但是，或许因为一切得来太易，文莱大众对知识、人才的价值和作用认识不足。未形成向往知识，努力学习钻研的氛围，从而也影响了政府的人力资源开发和利用策略的成效。

三、社会活性不足

在高福利保障制度和伊斯兰宗教、法律约束性强的双重作用下，文莱社会活性不足，体现在以下几个方面：

（1）多元化经济进程缓慢，私营经济活跃度低。油气资源产生的经济红利令文莱国民享受到了相当高的福利待遇，但也导致了经济结构单一化、技术和人才短缺、生产成本过高等问题。由于国内除油气外的其他资源匮乏，市场狭小，发展项目严重依赖国际市场、缺少比较优势和国际吸引力，而政府审批程序烦琐，遇事推诿，效率较低，国际投资者对伊斯兰宗教和刑法有所担忧。这些不利因素又很大程度上影响了外来投资的积极性。加之私营企业少而小，国民也不愿意去这些部门、单位就业，创业意愿低，阻碍了文莱经济多元化战略的实施。非传统能源产业均不发达，制成品、工业设备、农产品、日用品等依赖进口。

（2）社会生活活跃度低。文莱伊斯兰宗教、法律禁忌多。日常生活中，禁烟、酒、禁赌、禁"黄"。电影院、公园、歌厅等娱乐场所及大型游乐场等娱乐设施和项目少见。忌吃猪肉，也忌提及类似的语言。左手被当地人认为是不洁净的，接送物品要使用右手；不能抚摸孩子的头。文明礼仪要求就更多。这些律制对社会生活的活性有一定的影响。从对文莱现实生活的观察来看（体现在实体经济上），表现在人们平时最大的娱乐就是看电影，或者全家人坐在一起喝茶聊天，或是和同学朋友聚会吃夜宵。节假日，文莱人常常会开车到邻国马来西亚喝酒、唱歌。文莱的百货商场里，货物种类稀少，规模比较像现在中国国内二线、三线城市的商场。首都市区大街上到了晚上七八点便没什么人，偏远的地方更是早已漆黑一片，无人单独行走。所以也有人戏称，Brunei（文莱）等于 Boring Night（无聊的夜晚）。

事实上，由于接受西方教育及现代生活文明的影响，文莱人的民主自由观、政治觉悟和自我意识在不断提高，对社会政治制度及宗教传统的质疑和抨击现象有所增加。其中隐含的矛盾可能会在经济下行、公民福利降低以及感恩情绪弱化的情况下被激化。近两年，苏丹更为强调稳定、文化传承和坚持伊斯兰生活方式的必要性。提倡用优秀的文莱传统价值观念来引领文莱人基本行为准则，以防政治秩序被破坏。如保留传统习惯，培养行为端正和尊重领导等品性。目前，少部分人一定程度上的不满，对公认为开明、亲民的现任苏丹不会构成威胁，但对今后的继任者则是个考验。能否通过柔性手段化解而非简单地教化、压制可能是文莱苏丹政府未来需要考虑的问题。

四、社会及健康问题增多

总体而言，文莱的社会环境安定、人民友好、环境优美，相对于大多数东南亚国家要安全得多。但文莱自身也面临着各种发展中的问题。

一是各种社会问题，如贩运毒品和非法劳工等跨国犯罪问题的威胁。失业无所事事的本地青年和从菲律宾、印度尼西亚、孟加拉国、印度、泰国等国大量涌入的外籍劳工，不可避免地增加了当地的偷盗、斗殴、吸毒等社会问题，也刺激了跨境贩毒现象的滋生。面对本地工人就业及外国工人就业的比例失衡，企业对外劳需求缺口大，非法使用劳工（相应的就有非法偷渡）的问题凸显。二是国民健康问题。由于文莱特殊的生活环境和文莱人偏好高热、高油、高甜食品的饮食习惯，且喜欢在晚餐中进食此类食物，半数以上的国民身体发胖。肥胖以及由此产生的高血压、高血脂、糖尿病、冠心病等并发症，并诱发患胃癌、肠癌危险。癌症成为文莱国民的头号杀手。绝大多数文莱人没有运动习惯，喜驾车不喜走路，当地年轻人娱乐活动少。有运动习惯的人，最常做的是健身和打篮球，但大多数每周运动量达不到最低标准。对此，苏丹及政府高官多次呼吁国民注意合理饮食，参加体育锻炼，以保持健康，并通过多种形式举办有关饮食卫生及营养均衡的讲座，引导各界关注人体肥胖及超重的后果，认识健康饮食起居的重要性。由于国民普遍不健康的生活方式，文莱医疗保健领域的开支逐年增加。据卫生部预计，随着人口增加及人口老龄化，到2035年，文莱政府每年在医疗保健方面的花费将超过7.52亿美元。三是文莱气候炎热，室内常年开放强劲的冷气，节能意识较差。这使文莱人均能源消耗、固废、二氧化碳排放以及用水量都严重超标，现有的生活方式难以在未来持续。

第三节 趋势展望

一、化解激进势力和暴力极端主义可能造成的破坏

面对极端主义和民主现代化对宗教的冲击，文莱政府将多举措防范暴力极端主义和激进改革势力对文莱民主进程的破坏。

（1）与国际社会合作打击恐怖主义、跨国犯罪，严格控制社会问题。政府将与国际社会加强合作，共同携手打击恐怖主义、腐败、走私、贩毒、网络犯罪、电信诈骗等各类跨国犯罪活动，应对各类风险挑战，努力防止社会发展中出

现的社会问题导致的负面影响。

（2）利用数字平台影响公众，实现有限民主。文莱大部分民众忠君思想浓厚，安居乐业。但持不同政见者仍然存在，包括：民主意识强烈的青年及有其他诉求的民众。尤其是文莱年青一代，出生环境优于父辈祖辈，没有经历过英国殖民保护统治时期，对政治的了解不多。受西方教育及现代民主的世界政治主要意识形态的影响，在现代网络通信技术的推动下，参政议政的意愿及民主利益诉求日益增强。一些人对文莱马来伊斯兰君主制的合理合法性产生了疑问或分歧。

因此，文莱着手在君主立宪制的框架下，通过技术手段实现有限民主。如文莱政府加大改革力度，推出"2015~2020数字政府"战略，加快电子政务建设。这一平台的初衷主要是为了发展经济，促进部门间协同合作，转变政府职能。以民众和企业需求为导向，建立民众和政府双向沟通平台。但同时如果能增加一些功能模块，沟通民众和政府的意愿、建议，则益于增进相互理解，疏导情绪，实现专制与民主间的微妙平衡。

二、多渠道改善人力资源开发利用效能

（1）推动多元化经济战略，为人力资源开发及利用提供基本保障。文莱将进一步推进经济多元化战略转型，发展私营企业、吸引外资和促进产业结构多元化。在延伸油气产业链的同时，努力发展进口替代型和出口加工型工业以及农业、渔业和旅游、金融、信息服务等产业。通过经济可持续增长，为吸引人才、留住人才创造更适宜的土壤。

（2）加大对高等教育的投入，培养管理及技术人才。培养更多的文莱青年成为技术型人才或优秀的管理者，是实现文莱经济社会可持续发展的重要途径。文莱日益注重高层次人才的培养，优化人才的培养和教育模式，进而提升人才的素质，尤其是管理、工程、技术、医务、财务等方面的人才。文莱政府同时也重视培育年青一代进取、有理想、敢担当的优秀品质。政府给予青年培训与援助，鼓励他们参与各项国家、社会、企业发展计划，让他们有能力、有机会发光发热。确保培养的新生代在进入社会后学以致用，为国家发展做出更大贡献。同时文莱还将加强与其他国家的合作，开展国际间合作培养人才项目。引进优秀的师资力量和优秀的高科技人才，优化人才结构。

（3）进一步改善人力资源培育外部环境。文莱的高福利与宜居的社会环境对文莱培育人才有利。文莱未来将进一步严厉打击犯罪活动，包括外来人员的犯罪行为。同时进一步增强国际执法，维护国内社会的稳定与和平。文莱还着手增强全民健身意识。加强基础设施建设，优化交通、医疗卫生等，进一步提高生活舒适度与满意度，以吸引更多的人才参与国家经济建设和推动社会进步。

第八章 文莱对华关系

2015~2016年，文莱对华关系走势良好，两国合作领域不断扩展，战略互信进一步深化。中国—东盟自由贸易区升级版建设和中国提出的"一带一路"倡议，恰与文莱的经济多元化战略及"2035宏愿"目标高度契合，且文莱坚持通过"双轨渠道"和平解决南海问题，这为文莱发展与中国的政治、经贸合作提供了广阔的平台和发展空间。

第一节 文莱对华关系发展的定位和走向

一、文莱对华关系发展的定位

文莱与中国民间的交往从中国的南北朝时期（420~589年）即已开始。从古至今，两国始终保持友好往来。尽管19世纪末期两国交往有所停顿，但自1958年起，中国和文莱重建经贸关系。随着1984年文莱独立、1991年两国正式建立外交关系，两国在各个领域的交往和合作慢慢恢复进而趋于密切。

在对外交往和处理与他国的关系上，文莱一直奉行独立自主、不结盟的外交政策。由于本身是小国，因此文莱积极倡导国家不分大小、强弱，都应该互相尊重。中国则奉行独立自主的和平外交政策。建交25年来，两国始终相互尊重，平等相待，友好相处。在重大问题上注重沟通协调，共同致力于促进地区和平、稳定与繁荣。中国支持文莱经济多元化战略，推动两国在油气产业、农、渔、新能源等领域的合作。近些年来文莱与中国的投资合作实施结果表明，双方的合作是积极、富有成效的，为双边关系发展不断地注入动力和活力。

当前，文莱的外交原则是要捍卫文莱的国家利益。文莱的国家利益包括：维护主权独立和领土完整；维护国家的政治、文化和宗教认同；帮助推进地区和全球的和平、安全、稳定和繁荣；推进国家的繁荣、经济发展和提高社会福利。具体做法体现在：文莱和友好国家建立外交关系；加入各次地区、地区和国际组织，推进和加强在各领域的双边、多边合作；为推进地区和平、安全、稳定与繁荣做贡献，尤其注重国家间的相互理解；遵守联合国宪章、东盟宪章和国际法，普遍承认有关主权、尊重人权和基本自由的原则。总的来看，在具体实践中，文莱开展全方位外交，把与邻国（包括东盟）的关系作为文莱外交的基石。积极发展与世界各国和各种国际组织的关系，构建文莱立体式外交网络，为自身赢得最大的国际生存和发展空间。

二、文莱对华关系发展的走向

近年来，中国经济取得快速发展，同时世界格局也发生了重大变化。多年的外交实践使中国的外交形成了"大国是关键、周边是首要、发展中国家是基础、多边是重要舞台"的布局。文莱既处在中国周边，又是发展中国家。对中国而言，处理好与文莱的关系不仅有利于双边关系的发展，也有利于改善与东南亚国家的多边关系。另外，对文莱而言，中国已成为文莱的重要合作伙伴，其国家战略利益诉求其实与中国的高度契合：文莱需要极力引进外资，以获得资金、技术、人才等支持，帮助实现经济多元化，谋求在东盟东部增长区的中心地位。中国的"一带一路"则主张基础设施建设和机制创新，可帮助改善区域内国家的经济环境。两国发展的诉求一致。

因而，在中国对东南亚事务日益关注，将与文莱的关系定位为战略合作伙伴关系的同时，文莱也在积极构建与中国的友好关系，坚定奉行一个中国政策。在相互尊重、和平共处原则基础上，全面推进务实合作，把对华关系提升到更高水平，造福两国人民。在APEC第22次领导人非正式会议期间，文莱签署备忘录加入亚投行。在南海问题上，相较于与中国有领土争端的南海周边其他国家，文莱的态度和立场比较温和，仍是通过与中国的双边协商解决两国的南海争议。依靠东盟的集体安全机制来增强与中国谈判的力量，而不是引进域外大国，将南海问题国际化。

基于文莱对华态度及立场的坚定，其对华关系在中国—东盟自由贸易区的基础上迅速发展。双方都希望通过不断加强经济上的合作，密切双方的经济关系，使双方在政治、安全等方面有新的突破，力图构建一个和平稳定、安全发展的双边环境，并辐射至东南亚周边国家，建立睦邻友好的周边环境。

第二节 2015～2016年文莱对华关系发展现状及特点

文莱和中国具有悠久而稳固的双边关系，在经济和文化联系不断提升的情况下，2015～2016年，文莱与中国继续保持亲密友好交往，高层和民间交往密切频繁，经济合作伙伴关系扎实推进，双边政治互信不断增强，双方在重大地区和国际问题上基本保持立场一致，为两国战略对接提供了可能性和可靠的政治保障。

一、2015～2016年文莱对华关系现状

1. 政治互信

中文两国双方高层领导人继续保持战略互信的良好关系，为发展双边友好关系及区域稳定努力。两国通过各种渠道继续密切交往，保持对另一方重大事件的高度关注与适时沟通，不断深化双边政治情谊。在政治交流方面体现出层面多、范围广的特点。2015年，在文莱独立31周年及文莱苏丹69岁生日之际，中国国家主席习近平致电表示祝贺；文莱苏丹也向习近平主席和李克强总理发出国庆节贺电，并表示希望加强两国之间的双边关系和友好合作。2016年，全国政协副主席兼秘书长张庆黎在庆祝中文建交25周年招待会上表示，双方坚持相互尊重、平等相待的原则，树立和谐共处、互惠互利的典范。当前中国和文莱都处于发展

的重要时期,合作空间十分广阔,中方愿结合各自国情和优势,扎实推进"一带一路"建设与文莱"2035 宏愿"对接,坚持共商共建共享,深化经贸、投资、人文等领域的合作,培育经济增长点,扩大利益融合点①。2016 年 4 月,中国外交部部长王毅出访文莱、柬埔寨、老挝三国,就当前南海局势深入交换意见后,中方与各方分别达成的四项重要共识②。文莱苏丹表明支持用"双轨思路"解决争端,维护南海和平。

2. 经济合作

2015~2016 年,受国际油价低迷的影响,文莱经济呈持续下滑的趋势。文莱经济计划和发展局公布的最新数据显示,2016 年文莱经济出现 2.5% 的负增长,这已是文莱经济连续第四年负增长。2014 年和 2015 年文莱经济分别萎缩了 2.3% 和 0.6%。受严峻的经济形势所迫,文莱苏丹再次强调发展经济多样性对于国家经济健康持续稳定发展的重要性,同时提出多项改善举措,包括在非石油和天然气行业吸引更多的外国直接投资、优化投资和创业环境、提供基础设施建设和加强人力资源建设等。由于文莱国内对经济多元化的需求恰逢中国开展"一带一路"建设,两国的经济合作也逐渐呈现多样化。

(1) 双边贸易合作。文莱产业结构单一且路径依赖严重。尽管文莱苏丹早已意识到这一点,并推行经济多元化,但受社会文化及已有产业结构影响,成效不明显。为保证经济增长的可持续性,更出于近年来油气价格下降带来的紧迫感,文莱政府在推动实施经济多元化发展战略方面显得更为积极主动。大力发展非油气产业,鼓励私营部门和中小企业发展,推动交通基础设施建设。而中国在"一带一路"框架下推动的国际产能合作给文莱带来新的发展契机,两国产能合作潜力巨大。

文莱国家虽小,但地理位置优越,政治经济相对稳定,基础设施完善。作为海上丝绸之路沿线国家之一,文莱在中国 21 世纪海上丝绸之路建设中有着重要的向东南亚乃至欧美国家辐射的重要地位。2015 年中国与"一带一路"

---

① 中国—文莱建交 25 周年庆祝招待会在京举行 [EB/OL]. http://news.xinhuanet.com/world/2016-06/02/c_129035638.htm.

② 王毅谈中方和文柬老三国就南海问题达成的四项共识 [EB/OL]. http://news.xinhuanet.com/2016-04/23/c_1118716643.htm.

国家或地区进出口双边贸易值超过 7 万亿元人民币，占同期中国外贸进出口总值的 1/4。其中，文中双边贸易额为 15.1 亿美元，还有较大的上升空间。中国的一些省市、地区积极与文莱推动落实双边合作，地区交流呈现活跃态势。2015 年，先后有广西壮族自治区、宁夏回族自治区、云南省、海南省及中国香港特别行政区等代表团访问文莱，重点推动如"文莱—广西经济走廊"建设、清真产品认证互认、香港—东盟自由贸易区谈判进程，加速合作达成共识，探讨双方的潜能，寻求贸易、金融、教育以及人文等领域的合作。部分地区代表团还在文莱的知名中资企业或重点旅游企业进行考察和工作交流，希望借此为未来的合作积累经验。

与其他东南亚国家一样，文莱也看到了中国经济的快速发展，期待"一带一路"为其带来更多新的发展机遇，搭上中国发展的"顺风车"。文莱苏丹对中国提出的"一带一路"倡议表示赞赏，同时，文莱政府在一些具体的项目操作上，也改变了往日刻板和低效率的作风。主动推进项目进展，表现出了对"一带一路"倡议的积极响应和支持。如利用文莱作为东盟东部增长区核心的优势，打造区域互联互通。同时，充分利用文莱作为区域原材料中心、产品制造和销售中心的地位推动对华贸易。2015 年 6 月，文莱正式成为亚投行的创始成员国。9 月，文莱工业与初级资源部部长叶海亚与广西北部湾国际港务集团签订合作意向，拟将文莱打造成东盟东部增长区航运中心。同时，由文莱工业与初级资源部举办文莱推广研讨会，推广文莱投资项目、旅游资源以及清真认证，重点介绍"文莱—广西经济走廊"及"文莱生物创新走廊"。作为东盟各国与广西合作的重要平台，中国—东盟博览会有力推动了文莱与广西的友好交往及 21 世纪"海上丝绸之路"建设。文莱通过与中国在农业、渔业、石化、基础设施建设、旅游等各领域的全面合作，努力挖掘自身的优势和潜力，推动经济多元化进程。这些事实都充分表明，在中国政府持续大力支持和鼓励中国企业"走出去"进行"一带一路"建设的背景下，文莱吸引中国企业投资的潜力巨大，使得双方近期双边互动加强。但两国之间的贸易往来仍需进一步强化。

（2）双边投资现状。文莱的投资条件优惠，地价低、税种少（无个人所得税、出口税、销售税、工资税和生产税等）、税率低、水电费用低，而且社会稳定，为企业投资提供了良好的环境①。同时文莱大力吸引外资的政策，也有利于中资企业在文莱发挥比较优势。2016年10月1日，文莱内政部宣布实行简化的外籍员工准证制度。这是文莱政府简政放权的重要举措，有利于更好地改善文莱营商环境以及吸引外商投资。中国巨大的市场需求、先进的产业技术、成熟的管理经验、丰裕的投资资本也成为推动文莱经济增长和产业结构转型升级的潜在动力。据中国商务部亚洲司的数据，2015年，中国对文莱的直接投资同比增长46.4%；工程承包增长5024.5%，营业额增长126.4%。文莱对中国实际投资金额为7258万美元，同比增长2.31%，累计项目1787个。到2016年前3个月，据文莱财政部统计数据显示，中国对文莱直接投资已从2015年的1290万文莱元（约合960万美元）猛增至1.16亿文莱元（约合8610万美元），超过历年中方对文直接投资总额。

目前有恒逸石化、葫芦岛钢管、芝视界科技、海世通渔业公司（广西）、海油工程、中海油服、国泰生物、华为公司、同仁堂等20多家中国企业正在文莱进行投资建设和经营。中国银行（香港）有限公司也于2016年底在斯里巴加湾设立分行，成为首家在文莱经营的中资银行。

在项目投资与建设方面，中国交通建设股份有限公司第三航务工程局与文莱合作伙伴共同建设的特里赛—鲁木高速公路业已竣工通车。另一项由中水电—百科地联营体公司承建的基础设施工程——乌鲁都东水坝预计将在未来数月竣工。与此同时，在文莱政府有关部门和合作方的支持下，大摩拉岛大桥和淡布隆跨海大桥CC4标段的施工建设正在顺利推进。4车道的淡武廊跨海大桥全长30公里，连接文莱摩拉和淡武廊两县，总成本约16亿文莱元。由中国建筑工程总公司/文莱海洋石矿筑公司联营集团获得文莱发展部这一承建合约。文莱摩拉岛是文莱政府未来重点发展的区域。围绕着该岛的基础设施建设、港口建设、油气资源加工等项目，文莱政府近年来利用各项平台，积极进行招商宣传。中国浙江恒逸集团与文莱财政部达迈控股公司合资近40亿美元的综合炼油及芳烃裂解厂计划就建于大摩拉岛上②。一旦建成投产，其生产能力将达到每年800万吨。项目于2015

---

① 单憬岗，翁朝健，侯赛. 中国驻文莱大使杨健：海南与文莱合作空间很大［N］. 海南日报，2015－07－21（A05）.

② 马静，马金案. 文莱：2015年回顾与2016年展望［J］. 东南亚纵横，2016（2）：20－25.

年启动，文莱政府表示愿持续为这一合作项目提供便利。

这些项目中，有一部分遭遇了超乎想象的困难，如乌鲁都东大坝建造，而中国公司的专业性及勇气让文莱方面相当敬佩，认为大坝质量大大超出预期，会成为文莱的标志性工程。中国企业在文莱获得的项目不仅为中国企业赴文莱投资树立了良好的典范和信誉，也为文莱在解决就业、实现技术转移、促进基础设施建设和经济发展等方面发挥了重要作用。2015年，文莱政府肯定了中国企业对文莱经济发展的贡献，希望中国企业更多地参与房屋、交通等重大项目建设，在商贸、食品加工、物流、科技等领域推进合作。在共建与文莱"2035宏愿"相对接的中国"21世纪海上丝绸之路"上步步扎实迈进。

（3）基于东盟平台的合作。中国与东盟关系的发展，带动了文莱对华关系的深化。文莱加入东盟正值东盟发展目标及对华关系变化之际。文莱与中国建交后，双边关系的发展与中国—东盟关系的发展保持同步。双方政治互信，经济合作成绩斐然。双边贸易额2015年飙升至15亿美元。两国关系的稳步发展，与东盟被视为区域经济合作的主导力量密不可分。在双方共同努力下，中国—东盟自贸区建设不断深化。基于双方存在的巨大的共同发展需求，升级现有自贸协定、加速区域经济合作是应势而为。

2015~2016年，文莱政府与广西北部湾国际港务集团签署合作意向，拟将文莱打造成东盟及东盟东部增长区航运中心。广西也派出由政府和企业共20多人组成的代表团赴文莱参加"国际食品与生物技术投资大会"，与文莱相关机构分别进行了对口洽谈，就中国（南宁）—文莱农业产业园、中国（玉林）—文莱中医药健康产业园、文莱海洋养殖和文莱水稻种植合作4个项目与文方签署合作意向，"文莱—广西经济走廊"框架下的务实合作已现雏形。这有利于进一步稳固和增强双方战略合作伙伴关系，为文莱与广西在更多领域、更深层次的合作与发展奠定坚实基础。"中国可以利用文莱作为一个枢纽，到达东盟市场。但这也将反过来促进文莱的贸易和投资"。借助包括中国—东盟博览会在内的各类东盟各国与中国合作的重要平台，不仅分享了彼此间在经济发展、基础建设和人力资源培训等方面的知识，而且学习到了在内陆地区扶贫和地方管理规划上的成功经验及提升地方领袖协助乡区发展的能力。有力地推动了文莱与中国乃至与东盟各国的友好交往及经贸合作。

目前中国对于文莱的经济多样化起着重要作用，文莱与中国的贸易一直在快速增长。在全球经济不景气的时候，中国2015年对文莱的投资额仍增加将近50%，而中国企业在文莱承包的项目金额也大幅增加了50倍，这些数字充分表明中国与文莱有着开展进一步互利合作的巨大潜力。文莱意识到，中国的发展与强大不会给周边的小国带来任何威胁与挑战，反而会带来更大的机遇和红利。

3. 安全合作

目前文莱安全局势基本稳定，但犯罪活动较以往有所增加。另外，新加坡和文莱之间的水域海盗日益增多，海上安全及反恐诉求提升。文莱正面临非传统安全形势恶化的威胁。文莱在新版的《国防白皮书》明确指出"恐怖主义袭击所造成的威胁仍然是文莱面临的最为直接的安全内容"。文莱视保卫海上油气田的安全生产为国家稳定繁荣之本，但又因国防力量无法完全自足，不得不求助于周边国家甚至区域外大国。

鉴于中国和文莱双方国内及国际环境治理的需要，2015~2016年两国在军事防务安全方面的合作重心：一是加强国际司法合作，二是联合打击恐怖主义，确保海上安全。中国一直参与和支持中国—东盟多边防务倡议，致力于东盟国防部长会（ADMM）框架构建。文莱称赞中国—东盟防御合作中中国做出的贡献。同时表达了与中国不断拓展的合作领域，深化执法安全各领域务实合作，携手打击恐怖主义、网络犯罪、电信诈骗、毒品犯罪、非法偷渡、走私贩卖、洗钱等各类跨国犯罪活动，共同应对各类风险挑战的必要性。文莱总检察长于2015年11月在中国南宁参加主题为"逃犯遣返和资产追回的国际合作"的第九届中国—东盟总检察长会议时，强调加强国际合作，有效遣返逃犯，并与中方商定了加强和加快这些领域国际司法合作等在内的相关事宜。此外，中国还参与了在文莱海军基地开展的东盟与对话伙伴国海上联合军演。来自18个国家（东盟10国及澳洲、中国、印度、日本、韩国、新西兰、俄罗斯及美国）的18艘现役军舰及3000名军士、17架直升机、2架反潜侦察机参加了此次联合海上演习。

此类演习活动对于整合各伙伴国家海上联合行动的能力、培养默契、促进彼此沟通、扩大交流渠道和提升水平，以及对日后区内行动提供了良好基础，对维持区域和平、稳定有莫大的帮助。中文两国军事交流与合作日益密切且呈现多元化，也为我国周边地区的和平与安全增添了有利因素。

国内安全方面，文莱政府联手中资企业华为合作建设"文莱平安城市系统"，帮助降低安全威胁，缩短响应时间，提高响应效率，以期营造一个更安全、和谐的环境，为经济的可持续发展吸引投资，增加就业。

4. 教育文化交流

人力资源开发是双方合作的另一个重要领域。2015~2016年，文莱学生赴中国参访、求学增多。2016年，中国成功地在中国福州组织实施了首个双边培训班，政府奖学金项目也顺利开展。有中国学生拿到文莱政府的奖学金到文莱的大学就学，也有越来越多的文莱年轻人利用中国奖学金赴华深造。中国政府在2015~2016学年向文莱公民提供四种教育奖学金。政府奖学金将包括注册、住宿、学费、生活补助、门诊医疗、保险等方面的费用。这是文莱与中国的教育合作交流计划的一部分。另外，从2013年起，中国开始向文莱大学、文莱科技大学和其他院校派出志愿者，以助教的方式进行为期一年的志愿服务。截至2016年7月，中国已派出了超过30名志愿者，担任医药、会计和汉语等领域的助教。中国志愿者在向文莱的年轻人提供帮助的同时，也从文莱学习和收获了许多，成为两国友谊的真正使者。此外，一些中国的投资者通过与两国大学和企业合作，积极培训文莱本土人才，如浙江恒逸石化资助文莱大学学生赴中国留学。恒逸实业公司根据文莱大学与浙江大学石化工程人才联合培养计划，全额承担文莱学生在浙江大学为期一年半的后期培训费用，安排学生们在中国石化企业亲身体验实际运营环境。同时，中海油服合营公司在海洋石油钻井平台以及油田和中国的大学对8名文莱员工进行了培训。这些措施在帮助中国企业本土化的同时，也将帮助文莱培养自己的人才和专家。

另外，两国还进行了不同形式、不同领域的文化交流活动，涵盖了历史、艺术、体育等各方面。如由中国泉州海外交通史博物馆和文莱海洋博物馆共同举办的中国—文莱"海上丝绸之路"联合展览，让文莱民众了解两国友好往来的历史。文莱历史中心4名官员赴南京、广州展开历史取经活动，深入了解古时文莱与中国商贸的关系及海上丝绸之路的历史过程。再如，在文莱首都斯里巴加湾市举行的第10届中国—东盟民间友好大会及"中国—文莱画家创作交流会"吸引了不少艺术爱好者参观和交流。为配合中国与文莱建交25周年纪念，中国驻文莱大使馆还多次邀请"苏州杂技团"，在2016年文莱华社新春联欢团拜等不同场合及时间进行杂技表演。武术在文莱有很好的传承,文莱武术总会太极班学员代表团参加了广西柳州举行的中国—东盟武术节太极拳比赛,与中国选手切磋交流武艺、共促武术发展。

5. 科技

2015年,文莱调查部与到访的中国资源卫星应用中心(CRESDA)交流经验,探索在遥感卫星数据和系统领域的科技合作。文莱希望通过加强中国与文莱之间的科技合作,与中国的卫星数据共享,促进遥感应用带动经济社会发展。文莱马来企业家联合会(PPPMB)派出2人前往中国江苏省南京市南京农业大学交流学习。这些行动表明,文莱与中国开始在基础领域之外的现代科技领域如遥感卫星数据和系统、电信通信和生物科技领域有了初步交流。

二、文莱发展对华关系的特点

总体而言,2015~2016年,文莱发展对华关系呈现如下特点:

1. 领土争议未成合作障碍

追根溯源,文莱与中国在南海问题上的领土争议,主要是由其与马来西亚的领土争议衍生而来。1989年,文莱因反对马来西亚所确定的两国大陆架分界线,依据《联合国海洋法公约》,立法宣布实行200海里专属经济区制度。对南沙群岛的路易莎礁(即中国南通礁,马来西亚占领)提出主权要求。2009年,文莱在解决与马来西亚的陆海边界争端后,向中国提出对南沙海域与岛礁的主权声索。尽管如此,与其他南海声索国不同,文莱是唯一未派军占领任何南沙岛礁的国家。作为既得利益者,自20世纪90年代以来,文莱勘探活动已向北深入到我国南沙海域,采走了大量的油气资源[①]。据统计,文莱已开发油田9个、气田5个,并拟进一步扩大生产规模。但由于文莱在东盟诸国中是中国目前十分希望取得南海合作的国家,因而中国对此的态度始终是"搁置争议,共同开发"。在与中国存在南海争议的东盟国家中,文莱是第一个提出并坚持以"双轨渠道"和平解决争端的国家。主张积极与中国展开对话,同时也支持中国和东盟国家通过协商对话处理南海问题。

---

① 白益民. 双面文莱——南海争端系列报道之八 [J]. 中国石油石化, 2013 (2): 48-49.

2015~2016年，文莱坚定地选择继续深化与中国的经贸合作。CAFTA升级版建设及"一带一路"倡议为两国深化合作提供了新平台。文莱—广西经济走廊也为中国与其他东盟国家的经贸合作树立了典范。

2. "文莱—广西经济走廊"务实合作已现雏形

"文莱—广西经济走廊"与我国提出建设"21世纪海上丝绸之路"的倡议相呼应，从而也成为两国共同推进"一路"建设的重要组成部分。目前"一港双园三种养"的先期项目已经启动。双方就农、渔、食品、旅游、物流等领域12个项目达成合作意向，并加强了联合委员会机制。广西代表团赴文莱与相关机构分别进行了对口洽谈。并就中国（南宁）—文莱农业产业园、中国（玉林）—文莱中医药健康产业园、文莱海洋养殖和文莱水稻种植合作4个项目与文方签署合作意向。文莱政府与广西北部湾国际港务集团共同探讨潜在合作领域，旨在将文莱打造成东盟及东盟东部增长区航运中心，进一步稳固和增强双方战略合作伙伴关系。为文莱与广西在更多领域、更深层次的合作与发展奠定了坚实基础。文莱—广西经济走廊建设成为中文合作的新亮点和"一带一路"产业合作新平台。

3. 双边贸易大幅下降，但合作框架的构建进程加快

（1）双边贸易大幅下降。2015~2016年，国际油价大幅波动，对文莱经济发展产生不利影响，令作为资源外向型经济体的文莱，实际GDP增速放缓、CPI下降、产业结构调整进展缓慢，同时中文两国贸易额大幅下降，贸易需求结构错配。中国在文莱投资增量不足，文莱中资企业面临着本土化经营难题。

中国海关总署公布的数据显示，中国与文莱进出口贸易额各月份差异较大。出口贸易方面，2015年前10个月（除4月和8月外），中国对文莱出口额总体处于下降趋势，其中4月出口额激增至2.358亿美元，增幅最大，而11月、12月开始出现企稳回升；进口贸易方面，2015年各月，中国对文莱的进口额体量较小，其中12月进口额最大（0.292亿美元），9月进口额最小（0.002亿美元）；贸易差额方面，中国对文莱贸易始终保持贸易顺差。2016年文莱与中国的进出口总额仅7.2亿美元，占比0.16%。2016年中文双边贸易额同比下降52.4%，其中中国出口额为5.1亿美元，同比下降63.7%；进口额为2.1亿美元，同比激增105.5%，贸易形势有所回升。贸易顺差为3亿美元，同比上年大

幅度下降 336.67%。说明 2016 年中文两国双边贸易出现了严重衰减，但较上年形势有所回暖。

表 8-1 2015 年各月中国对文莱进出口额　　　单位：亿美元

月份	1月	2月	3月	4月	5月	6月	7月	8月	9月	10月	11月	12月
出口额	1.591	1.318	0.506	2.358	0.903	0.840	0.955	1.566	0.900	0.753	1.163	1.236
进口额	0.003	0.038	0.041	0.016	0.003	0.035	0.065	0.354	0.002	0.064	0.059	0.292
贸易差额	1.588	1.280	0.466	2.341	0.900	0.806	0.890	1.212	0.897	0.689	1.104	0.944

资料来源：http://www.customs.gov.cn，中国海关总署网站。

在中国与东盟国家进出口贸易中，中国与文莱的双边贸易额最小，仅为中国与马来西亚（中国在东盟的最大贸易伙伴国）双边贸易额的 1.55%。表 8-2 数据表明，2015 年中文双边贸易额为 15.1 亿美元，同比下降 22.2%，其中中国出口 14.09 亿美元，出口总额出现大幅下滑，下降 19.34%；进口 0.97 亿美元，同比下降 48.78%。贸易顺差为 13.12 亿美元，同比上年下降 18.67%。说明 2015 年中文两国双边贸易出现了较大幅度的衰减。

中国与文莱双边贸易出现大幅下降的主要原因在于国际市场原油价格的持续下滑，从 2014 年 6 月的 115 美元/桶下跌到 2015 年 12 月的 40.55 美元/桶，这使文莱对中国首位出口的有机化学品（主要是指原油）出现"量增价降"，出口总额下降。另外，文莱国内市场狭小，作为经济支柱的油气出口额下降导致国民收入缩紧，对中国的进口额减少。此外，新常态下中国经济去产能化和产业结构转型升级也是造成双边贸易缩减的重要因素。

表 8-2 2015 年 1~12 月中国对文莱贸易统计　　　单位：亿美元，%

	进出口		出口		进口		贸易金额	
	金额	同比	金额	同比	金额	同比	当年	上年同期
文莱	15.1	-22.2	14.09	-19.34	0.97	-48.78	13.12	15.57

资料来源：http://www.mofcom.gov.cn，中国商务部网站。

表8-3　2016年1~12月中国对文莱贸易统计　　　单位：亿美元，%

	进出口		出口		进口		贸易金额	
	金额	同比	金额	同比	金额	同比	当年	上年同期
文莱	7.2	-52.4	5.1	-63.7	2.1	105.5	3.0	13.1

资料来源：http：//www.mofcom.gov.cn，中国商务部网站。

据中国海关统计，2016年中国自文莱进口的前五位产品为有机化学品、木浆及其他纤维、软体动物、针织服装、特殊交易品，而家具、钢铁制品、陶瓷产品、玩具及运动用品、机械为中国对文莱出口的前五位产品。

另据中国海关统计，中国与文莱进出口贸易额各月份差异较大。出口贸易方面，2016年上半年，中国对文莱出口额总体处于下降趋势；进口贸易方面，2016年各月，中国对文莱的进口额体量波动较大，其中5月进口额最大，10月进口额最小；贸易差额方面，中国对文莱贸易始终保持贸易顺差，如图8-1所示。

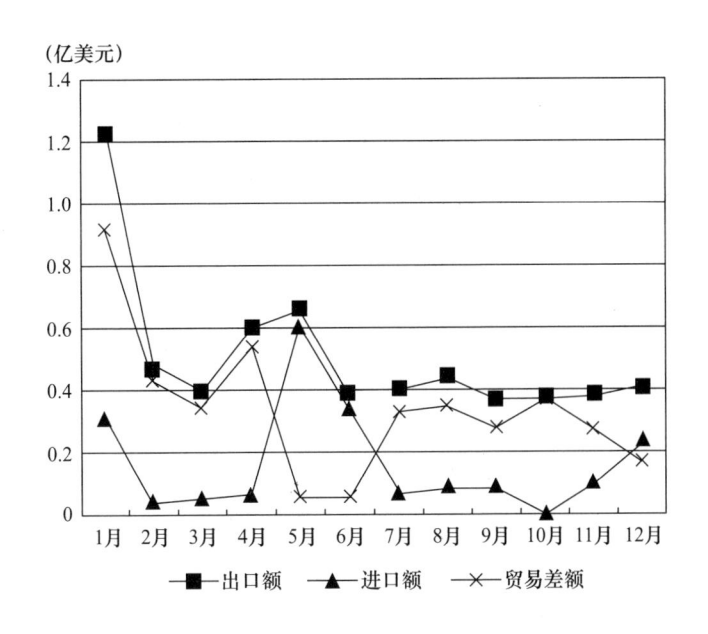

图8-1　2016年各月中国对文莱进出口统计

资料来源：http：//www.haiguan.info/tml，中国海关信息网。

（2）双边贸易合作框架的构建进程加快。文莱国内市场狭小，需要借助区域经贸合作协议来联通国际市场，同时借助国外资本、技术和管理经验来发展本国经济，实现经济多元化。随着中国—东盟自由贸易区（CAFTA）升级谈判和区域全面经济伙伴关系协定谈判的顺利进展，中文双方继续加快构建贸易合作框架的进程。文莱积极响应中国提出的亚洲基础设施投资银行倡议，2015年6月29日，文莱首相署第二财政部长代表文莱赴北京正式签署了《亚洲基础设施投资银行章程》，在推动亚洲地区基础设施建设和互联互通上迈出具有历史意义的步伐。

第三节 文莱对华关系面临的挑战

一、美国"亚太再平衡战略"及南海问题对文莱发展对华关系的影响

2009年美国国务卿希拉里·克林顿上任伊始的"东亚之行"就向全世界宣布美国"重返东南亚"，将全面加强与东盟的合作。此举实质上是在安全等领域加强对东南亚地区的影响力，为日后插手南海问题做准备。

文莱长期与美国关系较为密切，希望其提供安全保障，并维持地区力量平衡。但奥巴马政府的重返亚太战略将对亚太地区局势产生深远影响。美国的介入从表面上看是提升东盟的主导作用，但实际上破坏了东盟国家基于"10+1"框架构建的"轴—辐"体系的平衡。

文莱目前经济多元化实施进度缓慢。石油、天然气依然是文莱经济发展主要的支柱。海洋油气资源基地的安全与否决定着文莱的经济安全及国家安全。文莱油气田大部分位于南海。因而近阶段南海的紧张局势，海上"丝绸之路"进行大规模的基础设施建设，是否影响到文莱国家安全，会不会冲击现行经贸政策、政治体制，大国博弈如何平衡都会成为文莱的顾虑。

随着中国国力增强地位提升，美国"重返亚太"遏制中国战略开始实施，

与日本共同插手南海问题。未来南海问题中，文莱的南海政策走向仍存在小概率变数。原因包括：一是南海岛礁归属问题的确存在主权争端，问题仍没有得到彻底解决；二是若菲越通过联合东盟其他国家扩大南海问题，导致东盟集体对华政策改变，则文莱的外交政策也会受到影响。

二、TPP 与"一带一路"的博弈

被称作"经济北约"的跨太平洋伙伴关系协定（TPP），是由新西兰、智利、新加坡和文莱四国发起，包括所有商品和服务在内的高标准、综合性的多边自由贸易协议。自 2009 年美国加入 TPP 谈判后，全面主导了该谈判进程，并设置了一系列门槛阻止中国加入。但随着新任美国总统特朗普宣布退出 TPP，形势向着有利于中国一方转化。若特朗普在国内地位能够稳固、政策不变，则中国未来将有可能填补美国留下的真空，从而对亚洲太平洋经济合作组织（APEC）和东盟重叠的成员国进行新一轮整合，对亚太经济一体化进程影响深远。而文莱作为 TPP 最初的发起国，一直热衷于 TPP 谈判。中国如加入 TPP，势必大大增进文莱与中国贸易乃至同整个亚太区域国家贸易。

三、与中国的贸易需求结构性错配和文化交流合作不够深入

2015~2016 年文莱与中国在经贸领域合作进展顺利，但仍存在一些不足。根据中国商务部及中国海关统计的数据表明，近两年双边贸易少、结构不平衡，中国对文莱入超较大，且两国的贸易需求存在结构性错配。从文莱的进出口结构来看，文莱的主要出口产品是油气，而 2015~2016 年文莱的天然气主要出口到日本、韩国和中国台湾地区，原油主要出口到日本、韩国、泰国、印度、澳大利亚等国，对中国输出比重较低；2015 年文莱主要进口机械与交通设备和食品，占进口总额的 50.13%，其主要进口来源地为马来西亚和新加坡，从中国进口的比重也较低。文莱从中国主要进口一些工业产品、生产技术以及劳动力。在文莱的中资企业还面临本土化难题。

即便如此，文莱与中国的经济合作仍有潜力。两国作为海上邻邦，海上合作空间巨大；教育上，中文教育合作仍局限于派遣留学生、援教志愿者、企业员工等方面，人才培养、职业技术教育合作处于起步阶段，尚未出现两国高等教育机

构合作办学。文化交流上,合作领域、层次仍有待进一步拓宽、加深,文莱传统文化在中国的传播交流较少,今后也有待于进一步加强。

第四节 文莱对华关系的前景展望

一、对华发展战略伙伴关系的政策不会有大的调整

文莱的对华政策与东盟基本是一致的,即对华采取综合性、全面接触和发展战略伙伴关系的政策。文莱非常重视东盟的作用,认为东盟是保持东南亚地区安全与稳定的可靠支柱和促进地区合作的一种方式,坚持东盟应该作为一个整体来开展与世界各国的交流与合作。当然,文莱作为英国曾经的保护国,与英国有着传统的密切联系。在海上防务方面,与周边国家马来西亚、澳大利亚等国有密切合作。因而文莱是依托东盟与英国的特殊关系及其他国际和地区性组织来积极拓展本地区的政治外交,包括对华关系。

一直以来,东盟一些国家对中国地位的迅速提升十分警惕,对南中国海主权争端尤其敏感,对中国"潜在威胁"的担心,随着双边贸易扩大与日俱增。加上美国和日本因素,在涉及国家安全的南海问题上,文莱对中国保持着一定戒心。建交后随着与中国交往的增多,文莱逐渐体验到中国所表现出的诚意和平等态度,对中国的认识也起了变化。目前南海问题被国际化,局势紧张,但从当前一系列事件中,包括积极与中国发展双边贸易,2016年4月与老挝、柬埔寨共同站出来表明支持用"双轨思路"和平解决南海问题等反馈的各种信息来看,文莱争取时间发展经济的意愿更为强烈。南海问题只是中文关系中的潜在不利因素,短期内爆发的可能性并不大,其对华发展战略伙伴关系的政策也不会有大的调整。

文莱坚定地选择这样的对华政策,固然与国小军事力量弱、经济亟待提振不无关系。但更多的是与其温和的文化和民族特性,与中国长期交往中积累的政治互信,以及与中国和平稳定的发展理念相一致有关。

二、经贸合作的前景展望

文莱高度依赖石油与天然气产业，工业基础欠发达，其政府积极推动经济转型，有利于中国企业在文莱发挥比较优势。对于有实力的中资企业，如家用电器、电子产品和零配件、化工设备和产品、电力设备、机械设备和针织品、服装原料等，在文莱投资兴办实业有较大的发展空间。

文莱农业重点发展家禽业、蔬果、药用植物、牲畜业等。渔业方面则重点发展水产养殖、渔产加工业。林业方面的植林、植藤，木片、家具等加工业。文莱近年的进口领域中，中国在纺织和服装行业有一定比较优势。其余份额则很小，有一定市场潜力。另外，中国在机械和电器设备行业、交通工具行业，已经具有打开文莱市场的竞争能力，且文莱市场的需求也较大。文莱与中国双方企业的旅游开发合作也大有可为。文莱与东盟中的新加坡、马来西亚、泰国、印度尼西亚、菲律宾已实行了自由贸易政策，这有利于中资企业与文莱方面合作在文莱办公司，将产品销往东南亚国家，尤其是马来西亚和印度尼西亚。

文莱人口规模小，缺少技术工人，客观需要发展劳动密集型产业，且建筑行业和纺织与服装行业快速发展，形成劳动力缺口。据中国商务部信息，文莱正考虑从南亚国家引进劳工和技术人才，而劳动力充足正是中国的优势所在。

近年来，文莱加快经济多元化进程。中国与文莱经济互补性强，双方在经贸、能源、农渔业、清真产品、基础设施建设等领域的合作务实。同时，在文化、教育、卫生、旅游等领域，两国的合作也在增多。世界经济合作与发展组织副秘书长包润说："中国目前已为世界许多国家提供着令人难以置信的发展引擎。因此，中国与文莱也将继续有着多种商业合作的机遇，等待着双方发掘。"随着世界经济的复苏、新常态下中国经济的稳定增长，两国在商品和服务的供需上将产生更多的互动，双边进出口贸易额有望企稳回升。另外，"文莱—广西经济走廊"作为21世纪"海上丝绸之路"的重要组成部分以及"一带一路"产业合作新平台，如其先期启动项目得以落地，双方在农、渔、食品加工、旅游、物流等领域的合作有望取得新进展。同时，中资企业"走进文莱"步伐加快，并借此开拓东南亚市场。此外，双边贸易合作框架的构建进程将进一步加快，中文两国均为成员国的RECP谈判有望圆满结束。

三、对华政治外交关系的前景展望

亚洲地区的安全、稳定是中文两国发展友好长久的政治外交关系的基础。由于多层面原因,亚洲长期以来没有形成真正的地区多边安全机制。中国崛起将改变国家间的力量对比。其地缘政治影响首先会波及到周边国家,体量小的国家容易敏感。这就需要文莱与中国积极妥善处理好与各自周边国家的关系,加强政治互信。在南海岛屿归属问题上,文莱与中国之间仍存在争议,短期内也无法解决。以"双轨思路"解决南海争端将继续,同时更倾向于加强与周边国家合作维护海域安全。双方在中国东盟合作框架下的全方位合作也风生水起。随着时间的推移,文莱对中国的信任在加强,政治外交及民间交往都在朝着不断加深的良好轨道上前行,总体来看是积极向好的。这一良好基础还需双方付出更多的努力进一步夯实。在积极规范国内市场、营造有序竞争环境的同时,推动双边经贸合作向广度和深度发展,促进与文莱的互利共赢。通过中国的经济发展带动文莱的经济多元化改革进程形成良性互动。

自贸区升级版和中国提出的"一带一路"倡议与文莱的经济多元化战略及"2035宏愿"目标契合。这为两国政治、经贸合作拓展了更广阔的发展平台和空间,政治互信与合作发展态势良好。基于此,2015年中文两国元首并未直接面对面会晤,但两国高层仍通过各种渠道继续保持密切交往,深化双边政治情谊。一方面,两国元首均保持着对另一方重大事件的高度关注与适时沟通。2015年,文莱方面,苏丹不仅携皇室成员出席2015年度的文莱华人社团新春联欢大团拜活动,与文莱华人共庆新春,还就中国的长江沉船事故和天津港"8·12"特别重大火灾事故,致电表示慰问;中国方面,习近平主席也先后两次致电文莱苏丹,分别对文莱独立31周年及苏丹69岁生日表示祝贺,并表达对中文友好和战略合作关系发展的祝愿。另一方面,两国高层领导为双方进一步深化各领域交流与合作,推动双边关系健康发展,促进地区和平、稳定、繁荣,始终在做出不懈的努力。双方在坚决打击国际暴力恐怖主义、完善全球气候治理、反对霸权主义等国际或区域重大问题上,保持关切、交流,态度一致。

2016年《区域全面经济伙伴关系协定》(RCEP)首轮谈判及中国文莱建交25周年系列庆祝活动的举行,预示着两国高层将继续保持密切互动,双边政治互信进一步增强。

第五节 积极发展双边关系的策略

由于文莱特殊的地理位置、资源禀赋和对中国一贯的友好态度，中国须高度重视发展同文莱的战略合作关系。密切高层交往，加强政府、智库及民间的人文交流，增进双方民众的相互了解与友谊。

一、发挥民间外交优势，推动文化外交

国之交在于民之亲。目前文莱公民对中国了解甚少，应支持两国的友好协会以及文莱华人组织、社团及双方研究机构间的民间交流。重视文莱华人的沟通桥梁作用。中国政府亟须多层面提升国民素质，通过公众外交来增进两国人民的相互了解和交流，塑造诚、敬、礼的大国形象。同时通过互派留学生及合作办学等方式，增加双方民众实地感受。重点推介中国观、优秀传统文化和成果，提升中国的文化软实力。

二、加强中资企业落地培训，尊重传统文化与习俗

目前中资企业普遍缺少对文莱伊斯兰文化和习俗的研究，不重视承担社会责任。交往多局限于华人小圈子，难以融入文莱主流社会。对此，须有意识地进行文莱传统文化与习俗的落地培训，帮助中资企业树立跨国公共服务的意识，提升中资企业在文莱承担社会责任的意识和加强其行为导向。

三、在CAFTA升级版框架下的贸易法律体制内发展双方关系

（1）进一步完善本国的外资法律体系，使其与包括WTO在内的国际条约接轨。

（2）双方要加快CAFTA升级版框架下的贸易法律体制的建立与参与。增加各自国家经贸战略的空间与弹性。

（3）优化双边投资法律环境。努力推动执行两国在2000年订下的《鼓励与保护投资协议》（至今未生效），并为两国的贸易及投资合作提供制度化保障。

四、重点推动"文莱—广西经济走廊"的务实合作

文莱和广西未来将在食品加工、中医药制成品、化妆品、生物科技等多个领域进行合作。文莱作为食品供应链产地，其清真认证、品牌得到广泛认可，且投资政策优惠。广西的土地、劳动力优势明显，保税港区吞吐量大。因此，双方加快"经济走廊"建设的建议主要有：

1. 务实推动文莱—广西经济走廊建设成为示范性项目

丰富并深化文莱—广西经济走廊建设的内涵和战略意义，充分发挥联合工作委员会统筹协调的作用，积极研究和确定事关经济走廊建设的战略目标、重大政策和扶持措施，加快形成文莱—广西经济走廊集群式可持续发展模式。将文莱—广西经济走廊打造成"一带一路"产能合作建设的示范性项目。

2. 统一标准，发展配套体系，吸引多方投资

中国—东盟博览会在南宁举办多年，但仍需加强系统性的配套支持，且由于文莱与中国的法律体系不同，其标准、法规程序差异必将影响文莱与广西贸易的便利化。在产品进出口检验检疫等标准上还须进一步理顺。另外，经济走廊建设所需资金量巨大，应设计优惠政策以吸引更多民营企业积极参与投资。

3. 针对重点领域开展先行先试

（1）重点发展农渔业与中医药产业。农渔业在广西有比较优势，可推动吸引大型中资企业到文莱开展高机械化生产经营，部分替代当地稀缺劳动力。此外，文莱医院看病过程长，推拿等中医项目在当地有优势，治疗某些疾病的中药亦很受欢迎[1]。广西的中医院在文莱开展相关项目应有较大潜力。

（2）在促进进出口贸易的基础上，加强物流合作。进一步促进和拓宽文莱—广西经济走廊从经贸合作向物流、旅游等各领域发展。

（3）教育合作。随着文莱近年来经济多元化战略的实施，对技术类、管理

---

[1] 黄瑛，罗传钰，黄琴. 文莱经济社会发展与"一带一路"建设的互动分析 [J]. 东南亚纵横，2015（11）：18－19.

类人才的需求进一步增大。同时，可将职业教育作为双方教育合作的重点领域，加速文莱亟须人才的开发利用。

五、以基础设施互联互通为核心领域

中国在基础设施投资上具有相当富余的产能，且拥有在国际上相对领先的技术水平、建造能力和管理经验。具体对接领域可包括：一是充分利用亚洲基础设施投资银行（简称亚投行）、丝路基金、中国—东盟海上合作基金的优惠贷款为基础设施合作提供投融资服务；二是交通基础设施方面，根据文莱实际需要，协助其修建或改造公路、桥梁等陆路交通网络，加强大摩拉港建设、航运设施发展合作，助力文莱成为东盟及东盟东部增长区航运中心；三是通信基础设施方面，促进双边跨境光缆等建设，文莱和中国网络直接互联，实现端对端数据传输，扩大信息交流与合作。

六、深化能源产业升级合作

文莱鼓励外资参与其油气勘探与开采，中国企业可以积极地投入到油气资源下游产业的投资合作中。中国具有成熟的深水石油开采勘探技术和石化技术、充足的资本供给及广阔的市场需求，在油气勘探与开采及其设备更新、油气资源深加工等能源产业升级领域开展广泛合作前景广阔。

参考文献

［1］ Brunei Darussalam Defence Department. Brunei Darussalam Defence White Paper：Defending the Nation's Sovereignty，2004：23.

［2］ Graham Saunders. A History of Brunei［M］. Oxford：Oxford University Press，1994：178.

［3］ 白益民. 双面文莱——南海争端系列报道之八［J］. 中国石油石化，2013（2）：48 - 49.

［4］ 保罗普莱斯. 文莱必须实行经济多元化［N］. 联合早报，2016 - 05 - 03.

［5］ 马金案，黄斗. 文莱国情与中国—文莱关系［M］. 北京：世界知识出版社，2008：10 - 11.

［6］ 马博. 文莱"2035 宏愿"与"一带一路"的战略对接研究［J］. 南洋问题研究，2017（1）：62 - 73.

［7］ 马静，马金案. 文莱：2015 年回顾与 2016 年展望［J］. 东南亚纵横，2016（2）：20 - 25.

［8］ 单憬岗，翁朝健，侯赛. 中国驻文莱大使杨健：海南与文莱合作空间很大［N］. 海南日报，2015 - 07 - 21（A05）.

［9］ T. N. 波斯尔斯韦特. 教育大百科全书：各国（地区）教育制度（下）［M］. 重庆：西南师范大学出版社，2011.

［10］ 唐慧，张向辉，廖娟凤. 文莱文化概论［M］. 北京：世界图书出版公司，2014.

［11］ 刘新生，潘正秀. 列国志·文莱［M］. 北京：社会科学文献出版

社，2005.

[12] 刘新生．天堂秘境·文莱［M］．上海：上海锦绣文章出版社，2010.

[13] 李庆功，周忠菲，苏浩，宋德星．中国南海安全的战略思考［J］．科学决策，2014（11）：1-51.

[14] 李杰，徐松涛．超微舰队——文莱海军［J］．当代海军，1994（4）：29.

[15] 卢秋莉．文莱欢迎美国在南海的存在［N］．婆罗洲公报，2015-05-29.

[16] 刘鸣．2015年东盟经济共同体：发展进程、机遇与存在的问题［J］．世界经济研究，2015（10）：81-86.

[17] 李国磊．论文莱君主制的弹性［J］．青年与社会，2012（8）．

[18] 郭元斌．文莱高等教育述评［J］．郧阳师范高等专科学校学报，2009（2）：142-144.

[19] 康霖．文莱南海政策评析［J］．新东方，2014（4）：32-36.

[20] 黄云静．文莱立国哲学（MIB）［J］．东南亚研究，1995（6）：18-21.

[21] 黄云静．伊斯兰教与当代文莱政治发展［J］．当代亚太，2007（4）：25-31.

[22] 黄瑛，罗传钰，黄琴．文莱经济社会发展与"一带一路"建设的互动分析［J］．东南亚纵横，2015（11）：18-19.

[23] 鞠海龙．文莱海洋安全政策与实践［J］．世界经济与政治论坛，2011（5）：55-64.

[24] 祁广谋，钟智翔．东南亚概论［M］．北京：世界图书出版公司，2013.

[25] 全毅．全球区域经济一体化发展趋势及中国的对策［J］．经济学家，2015（1）：94-104.

[26] 徐秦法，林勇灵．中国—东盟多元政治体制下的政治合作研究［M］．北京：人民日报出版社，2012.

[27] 薛飞．文莱苏丹哈桑纳尔会见王毅［N］．人民日报，2016-04-23（3）．

[28] 夏敏莉．试论在伊斯兰教影响下文莱的商业文化交际［J］．经营管理

者，2014（2）：355.

［29］肖洋．跨境次区域合作与丝绸之路经济带——基于地缘经济学的视角［J］．和平与发展，2014（4）．

［30］中国现代国际关系研究所民族与宗教研究中心．周边地区民族宗教问题透视［M］．北京：时事出版社，2008.

［31］赵康，李英华．中国传统思想道德与东南亚伦理［M］．北京：中国社会科学出版社，2007：226.

［32］张蕴岭．如何认识和理解东盟——包容性原则与东盟成功的经验［J］．当代亚太，2015（1）：4-20.

［33］邵建平，杨祥章．文莱概论［M］．广州：世界图书出版广东有限公司，2012.

［34］饶亮亮，黄涛．浅议文莱战略文化［J］．东南亚之窗，2014（2）．

［35］伊斯梅尔·杜拉曼，阿达尔·阿米约·哈希．文莱：以自己的方式发展［J］．南洋资料译丛，2000（1）：72-81.

［36］姚懿．小国对外战略选择性研究——以东南亚国家为例［J］．外交学院，2012（6）：14.

［37］汪诗明．文莱的民主独立进程［J］．杭州师范大学学报，2011（3）：90.

［38］文苑．文莱农业生产现状［J］．世界热带农业信息，2004（12）：3-4.

［39］王勤．东盟经济共同体建设的进程与成效［J］．南洋问题研究，2015（4）：1-10.

［40］韦民．小国与国际关系［M］．北京：北京大学出版社，2014.

［41］韦民．论新加坡与东盟关系——一个小国的地区战略实践［J］．国际政治研究，2008（3）：27-40.

［42］吴涧生，曲凤杰等．跨太平洋伙伴关系协定（TPP）：趋势、影响及战略对策［J］．国际经济评论，2014（1）：65-78.

［43］Brunei Darussalam Defence White Paper 2004, http：//www. mindef. gov. bn/mindefweb/home/e_ defensewhitepaper. pdf.

［44］中华人民共和国驻文莱达鲁萨兰国大使馆经济商务参赞处：文莱气候条件［EB/OL］. http：//bn. mofcom. gov. cn/article/ddgk/zwqihou/201502/20150200885271. shtml.

［45］中华人民共和国驻文莱达鲁萨兰国大使馆经济商务参赞处：文莱行政区划［EB/OL］. http：//bn. mofcom. gov. cn/article/ddgk/zwcity/201507/20150701035098. shtml.

［46］中华人民共和国驻文莱达鲁萨兰国大使馆经济商务参赞处：姓名与称谓［EB/OL］. http：//bn. mofcom. gov. cn/article/ddgk/zwfengsu/200304/20030400081347. shtml.